Collection dirigée par H
Série "Les écrivains" diri

Flaubert

- **des repères pour situer l'auteur et ses écrits**

- **une analyse des grandes œuvres sous forme de résumés ou de descriptifs et de commentaires**

- **des groupements thématiques, des sujets de travaux, une bibliographie**

Pierre Aurégan
Agrégé de Lettres modernes

BALISES

Portrait de Flaubert par Nadar, XIXe siècle

Introduction

«Moi je ne cherche pas le port mais la haute mer», rétorquait Flaubert à son ami Maxime Du Camp qui lui reprochait de ne pas se mêler à la vie littéraire parisienne pour y faire sa place au soleil. Cette «haute mer» c'était celle de l'art, l'aventure risquée de l'écriture, la recherche de la beauté. Exigeant le sacrifice de l'ambition sociale, de la réussite, c'est-à-dire du «port». Du Camp, lui, avait choisi la certitude et la facilité du «port».

Contemporain du réalisme et du naturalisme triomphants, l'auteur de *Madame Bovary* est toujours resté résolument à l'écart des modes et des écoles. «Je m'abîme le tempérament à tâcher de n'avoir pas d'école! A priori je les repousse toutes [...] Je regarde comme très secondaire le détail technique, le renseignement local, enfin le côté historique et exact des choses. Je recherche par-dessus tout la beauté», écrivait-il à George Sand en décembre 1875.

Séparant méticuleusement sa vie personnelle et son métier d'écrivain, préférant la solitude normande de Croisset aux mondanités de Paris, il ne fut jamais, même au plus fort de sa notoriété, un artiste officiel. Jamais il ne connut la gloire d'un Hugo, jamais il ne se mêla à la vie politique et aux engagements de son temps. Il ne fut ni Lamartine ni Chateaubriand.

C'est cela, entre autres, qui fait de lui le premier des romanciers modernes. Avec Flaubert naît un rapport nouveau entre l'écrivain et son œuvre. Entièrement voué à celle-ci, sacrifiant sa vie à l'exigence de l'écriture. Car les œuvres flaubertiennes ne sont jamais conçues dans la facilité et l'euphorie mais dans la patience et la souffrance. Nul mythe de l'inspiration ou du génie ne vient illuminer le créateur, écrire est devenu un travail. Labeur solitaire et angoissé. Rompant avec le romantisme, pour qui le livre exprimait les fluctuations de la subjectivité ou véhiculait des valeurs morales, l'œuvre, pour Flaubert, cesse de s'appuyer sur une vérité idéologique ou personnelle; elle est devenue à elle-même sa propre fin.

«Ce que je voudrais faire, c'est un livre sur rien, un livre sans attache extérieure», proclame-t-il.

L'écriture est l'absolu auquel l'écrivain se consacre désormais. «Bien écrire est tout.» Se détournant d'une réalité qu'il exècre («croyez-vous

3

que cette ignoble Réalité dont la reproduction nous dégoûte, ne nous fasse pas autant qu'à vous sauter le cœur ? », déclare-t-il au directeur de la *Revue de Paris*), Flaubert se lance dans le dénuement aride de l'écriture, aventure infiniment risquée qui le porte au-delà de lui-même, loin de ce qu'il est biographiquement, dans un espace et une solitude – celle de l'œuvre – d'où le monde social et historique, avec ses repères rassurants, sont congédiés. Vers ce dehors énigmatique dont parle M. Blanchot et qui constitue l'espace même de l'œuvre, au sein de cette parole en laquelle « nous ne sommes plus renvoyés au monde, ni au monde comme abri, ni au monde comme but [...], car en elle le monde se tait » . « Quelles transes ! il me semble que je vais encore m'embarquer (encore la métaphore maritime) pour un très grand voyage, vers des régions inconnues, et que je n'en reviendrai pas », confie-t-il, alors qu'il écrit dans la souffrance *Bouvard et Pécuchet*.

Fils d'un grand médecin de la monarchie de Juillet, bourgeois épris d'ordre, Flaubert a pourtant fait ce choix déraisonnable d'écrire. Contre son père, contre un ordre social dans lequel, déjà, l'artiste n'a plus ni place ni justification. Frère en solitude du saint Antoine de *La Tentation* ou de saint Julien. Édifiant patiemment une œuvre dont l'objectivité feinte sape les fondements mêmes de ce monde bourgeois dont il est issu et qu'il revendique.

Paradoxalement, cette impersonnalité ironique, ce regard désenchanté sur le réel, ce sens du grotesque et de la bêtise n'ont pas donné naissance à une œuvre glacée et inhumaine mais à un univers romanesque et à des personnages dont la présence rêveuse ne cesse de nous habiter. Derrière les proclamations virulentes de la Correspondance, où s'exhalent ses « prurits atroces d'engueuler les humains », se révèle un autre Flaubert, plus vulnérable et plus fraternel, qui écrivait : « Je ne veux avoir ni amour ni haine, ni pitié ni colère. Quant à la sympathie, c'est différent : jamais on n'en a assez. » C'est de cette sympathie diffuse pour les êtres les plus humbles, les choses les plus dérisoires, la nature la plus quotidienne que la création flaubertienne tire encore aujourd'hui son pouvoir de nous émouvoir.

La vie
de Gustave Flaubert

UNE ENFANCE ROUENNAISE
(1821-1843)

« L'idiot de la famille »

Gustave Flaubert naît le 12 décembre 1821 à l'Hôtel-Dieu, l'hôpital de Rouen, dont son père Achille Cléophas Flaubert est alors chirurgien en chef. C'est le second enfant. Son frère, Achille, est né en 1813. En 1824, naissance de sa sœur Caroline.

Le petit Gustave vit une enfance assez morne dans le cadre austère et vaguement morbide de l'hôpital auquel est annexé le pavillon des Flaubert. L'amphithéâtre d'anatomie jouxtait la salle de billard familiale. Avec sa sœur Caroline, il mène de fréquentes expéditions à la morgue. L'enfant, en proie à des crises de stupeur, éprouvant des difficultés à communiquer et peut-être même à lire, se sent délaissé par rapport à son frère, brillant élève sur lequel reposent les ambitions paternelles.

En février 1832, Gustave entre au Collège royal de Rouen. Avec ses condisciples, il crée le personnage rabelaisien et caricatural du Garçon, au travers duquel les adolescents raillent le bourgeois. Flaubert donne des représentations dans la salle de billard familiale.

La rencontre de Trouville

Chaque été les Flaubert s'installent au bord de la mer, à Trouville. L'été 1836, Gustave y rencontre Élisa Schlésinger, épouse de Maurice Schlésinger, directeur de *La Gazette et revue musicale de Paris*. Rencontre inoubliable, qui sera transposée dans les *Mémoires d'un fou* et les deux versions de *L'Éducation sentimentale*. C'est «le fantôme de Trouville», incarnation de la femme doublement interdite parce qu'épouse et mère.

La vocation littéraire

Elle se concrétise avec la publication d'un court récit dans *Le Colibri*, revue rouennaise, le 12 février 1837 : *Bibliomanie*. Une seconde nouvelle paraît en mars : *Une leçon d'histoire naturelle, genre commis*. Début d'une longue amitié avec Louis Bouilhet.

SAINT FLAUBERT, ÉCRIVAIN ET MARTYR (1843-1857)

La crise de Pont-Lévêque

Exclu du Collège royal pour avoir dirigé un chahut monstre, Flaubert est reçu au baccalauréat le 23 août 1840. Sans mention. Sans enthousiasme, pressé par son entourage, il se résigne à poursuivre des études de droit à Paris. Dès lors commence une vie morne d'étudiant dans la capitale, que *L'Éducation sentimentale* évoquera. L'été 1843, il échoue à l'examen de deuxième année. Mais en janvier 1844 intervient un événement décisif dans la vie de Flaubert. Alors qu'il est en cabriolet avec son frère sur la route de Pont-Lévêque à Honfleur, la route que suit Félicité dans *Un cœur simple* lorsqu'elle est heurtée par la malle-poste, il est terrassé par une crise d'épilepsie : «Je me suis senti tout à coup emporté dans un torrent de flammes», écrira-t-il plus tard. Comme le montre Sartre, cette crise est une réponse dramatique à l'impasse personnelle dans laquelle se trouve Flaubert, contraint de continuer, loin de Rouen, des études qu'il exècre et de supporter une situation humiliante d'infériorité par rapport à son frère : «Le corps de Flaubert prend en charge, sous forme de troubles subis, les paroles qui ne peuvent être prononcées[1]. » Il est décidé que le jeune homme ne reprendra pas ses études. Il peut dès lors se consacrer à l'écriture.

De « La Tentation de saint Antoine » au voyage en Orient

Janvier 1845, la première version de *L'Éducation sentimentale* est achevée. En mars, Flaubert accompagne sa sœur Caroline en voyage de noces en Italie. À Gênes, il découvre un tableau de Breughel qui lui fournira le sujet de *La Tentation de saint Antoine*.

Après la mort de son père (le 15 janvier 1846) et celle de sa sœur en mars, il décide de s'installer à Croisset avec sa mère. Il rencontre Louise Colet chez le sculpteur Pradier : c'est le début d'une liaison orageuse.

---

1. J.-P. Sartre, in *L'Idiot de la famille*, Gallimard, 1971.

En septembre 1849, *La Tentation de saint Antoine* est achevée. Lue à Louis Bouilhet et Maxime Du Camp, elle s'attire un verdict sans appel : «Il faut jeter cela au feu et n'en plus jamais reparler. » Flaubert décide alors de partir en Orient. Long périple d'octobre 1849 à juin 1851 en compagnie de Du Camp. Il tient un journal.

« Madame Bovary »

À peine revenu, il se lance dans *Madame Bovary*, qui l'occupera de septembre 1851 à mai 1856. Désormais il se partage entre la solitude normande de Croisset et Paris. Il assiste avec Du Camp et Bouilhet au coup d'état de Louis Napoléon Bonaparte. *Madame Bovary*, enfin achevée, paraît à la fin 1856. Le procès consécutif à la publication du roman vaut à son auteur une notoriété soudaine.

Il se lance aussitôt dans *Salammbô*. Il interrompt son travail pour un nouveau voyage en Orient (avril-juin 1858) et se remet à l'ouvrage.

LA NOTORIÉTÉ

Portrait de l'écrivain en artiste officiel (1862 - 1869)

Débute alors, avec le succès de *Salammbô*, publié le 24 novembre 1862, une période faste pour Flaubert. L'ermite de Croisset passe l'hiver à Paris où il mène une vie mondaine : dîners littéraires chez Magny en compagnie des Goncourt, Théophile Gautier, Sainte-Beuve et surtout George Sand qu'il rencontrera lors d'une de ces soirées et avec laquelle il se liera d'une amitié profonde. Au cours de l'été 1866, il reçoit la Légion d'honneur. Entre-temps il travaille à «un roman moderne», *L'Éducation sentimentale* (2e version). L'été, il retrouve secrètement Juliet Herbert, ancienne gouvernante anglaise des Flaubert. Le 10 juin 1867, il est invité à la réception donnée aux Tuileries, par l'empereur, en l'honneur du tsar Alexandre II. C'est l'apogée de la vie mondaine de Flaubert. L'automne 1868, Flaubert reçoit la visite du grand écrivain russe, Tourgueniev.

Le temps des échecs

Le 16 mai 1869, *L'Éducation sentimentale* est achevée. Flaubert se remet aussitôt à travailler à une nouvelle version de *La Tentation de saint Antoine*, lorsque, le 18 juillet 1869, Bouilhet, l'ami de tous les instants, meurt : «la moitié de mon cerveau est resté à jamais au Cimetière monumental (de Rouen)», écrit Flaubert. Exécuteur testamentaire de son ami, il consacrera dès lors une grande partie de son temps à faire publier et jouer l'œuvre de son ami. Cette mort inaugure une longue série de deuils : le 13 octobre, disparition de Sainte-Beuve ; le 20 juin de l'année suivante, décès de Jules de Goncourt, le 23 octobre, de Théophile Gautier. La publication de *L'Éducation sentimentale*, le 19 novembre 1869, ne le console guère : le livre est éreinté par la critique. Seul un article chaleureux de George Sand dans *La Liberté* du 22 décembre viendra réconforter l'auteur incompris.

Emportant avec elle la guerre et la chute de l'empire, l'année 1870 est l'année de tous les dangers pour Flaubert. Croisset est réquisitionné par les Prussiens, entrés triomphalement à Rouen le 5 décembre. Il y aura jusqu'à 40 soldats dans la propriété. En avril 1871, il retrouve Croisset et se replonge dans *La Tentation de saint Antoine*. En janvier 1872, c'est l'échec d'*Aïssé*, la pièce de Bouilhet que Flaubert avait réécrite et montée. Le 6 avril 1872, la mort de sa mère le rejette dans une solitude plus grande encore. Ses incessants déplacements à Paris pour faire publier l'œuvre de Bouilhet l'épuisent. Le romancier est en proie à de nombreux troubles nerveux. La 3e version de *La Tentation de saint Antoine* est publiée en avril 1874. L'œuvre est à nouveau en butte à l'incompréhension de la critique. «Les injures s'accumulent ! C'est un concerto, une symphonie, où tous s'acharnent dans leurs instruments [...]. Ce qui m'étonne, c'est qu'il y a sous plusieurs de ces critiques, une haine contre moi, contre mon individu, un parti pris de dénigrement, dont je cherche la cause», écrit-il à George Sand dans une lettre du 1er mai 1874.

L'année 1875 s'avère plus difficile et plus douloureuse encore. L'écrivain est très affecté par la ruine de son neveu Commanville, l'époux de Caroline, à qui il avait confié la gestion de sa fortune. Flaubert vend sa ferme de Deauville pour sauver sa nièce de la faillite. Les dernières années de sa vie seront hantées par les soucis financiers incessants que lui vaudront la banqueroute des Commanville : «Le présent est atroce et l'avenir lamentable [...], j'avais tout sacrifié depuis ma jeunesse à la tranquillité de mon esprit. Elle est détruite à tout jamais. » (lettre du 18 août).

C'est à Concarneau, où il est allé se reposer, qu'il commence *La Légende de saint Julien l'Hospitalier*. Celle-ci est terminée en février 1876. Le mois suivant, Flaubert commence *Un cœur simple*.

Les dernières années

Publiés en avril 1877, les *Trois contes* sont plutôt bien accueillis par la critique, et salués comme un chef-d'œuvre par beaucoup : «Trois chefs-d'œuvre absolus et parfaits», dira le poète Théodore de Banville. Mais cette période est ternie par les tracas financiers liés à la situation des Commanville. À demi ruiné, l'écrivain, poussé par ses amis, fait une demande de pension auprès du gouvernement. Démarches humiliantes pour celui qui répétait : «les honneurs déshonorent, les titres dégradent, la fonction abrutit.» En mai 1879, il obtient de Jules Ferry un poste de conservateur adjoint à la Mazarine, mais sans obligation de service. Une pension de 3000 F lui est accordée en octobre. Pendant ce temps, il travaille à *Bouvard et Pécuchet*, commencé en août 1874.

Il commence le chapitre X en ce début de l'année 1880. Épuisé nerveusement, harcelé par de nouvelles traites à payer, il meurt brutalement, foudroyé par une apoplexie, le 8 mai, alors qu'il s'apprête à quitter Croisset pour Paris...

Autour de son frère Achille, gravement malade et qui conduit l'enterrement, il y a là, ce 11 mai, Zola, Goncourt, Daudet, Banville, Maupassant, Huysmans et d'autres moins connus, mais tous ceux qui alors comptent dans les lettres françaises. Flaubert est inhumé au Cimetière monumental de Rouen.

VIE ET ŒUVRE DE GUSTAVE FLAUBERT	CONTEXTE POLITIQUE, SOCIAL ET CULTUREL
1821 Le 12 décembre : naissance de Gustave Flaubert à Rouen.	1821 Naissance de Baudelaire Louis XVIII est roi de France. Depuis 1820, gouvernement des «ultras».
1824 Naissance de Caroline, le 3e enfant des Flaubert.	1824 Début du règne de Charles X.
	1830 Révolution de juillet, début de la conquête de l'Algérie. Louis-Philippe, roi des Français. Hugo, *Hernani*. Stendhal, *Le Rouge et le Noir*.
1832 En février, Gustave entre au Collège royal de Rouen, en 8e.	1832 Balzac, *Louis Lambert*. G. Sand, *Indiana*.
1834 Flaubert a pour condisciple Louis Bouilhet. Il rédige au collège une revue manuscrite, *Arts et Progrès*.	1834 Delacroix, *Femmes d'Alger*.
1836 Pendant les vacances d'été, rencontre d'Élisa Schlésinger. Premières œuvres achevées, notamment *Bibliomanie*.	1836 Musset, *La Confession d'un enfant du siècle*.
1837 Rencontre d'Alfred Le Poittevin, qui deviendra l'ami de Flaubert. Premières œuvres imprimées dans *Le Colibri*, revue littéraire rouennaise : *Bibliomanie*, le 12 février ; *Une leçon d'histoire naturelle*, le 30 mars.	1837 Hugo, *Les Voix intérieures*.
1838 Flaubert entre en classe de rhétorique. Il achève *Mémoires d'un fou*.	1838 Hugo, *Ruy Blas*.
1839 Entrée en octobre en classe de philosophie. En décembre, exclusion du collège. Achève *Smarh*.	1839 Chopin, *Préludes*.
1840 Le 23 août, il obtient son baccalauréat. Voyage (Pyrénées et en Corse). Brève liaison avec Eulalie Foucaud.	1840 Augustin Thierry, *Récits des temps mérovingiens*.
1842 Études de droit à Paris. Réussit son examen de passage en 2e année. Termine *Novembre*.	1842 Eugène Sue, *Les Mystères de Paris*.

1843 Vie agitée à Paris. Fréquente l'atelier du sculpteur Pradier, où il rencontre V. Hugo. Il échoue à son examen de 2e année. Commence *L'Éducation sentimentale* (1re version).	1843 Wagner, *Le Vaisseau fantôme*. G. Sand, *Consuelo*.
1844 En janvier, une grave crise nerveuse terrasse Flaubert sur la route de Pont-Lévêque à Honfleur. Il interrompt ses études. En avril, les Flaubert achètent la propriété de Croisset.	1844 A. Dumas, *Les Trois Mousquetaires*.
1845 Mariage de Caroline avec Émile Hamard. Voyage de noces en Italie, Flaubert accompagne les mariés. *L'Éducation sentimentale* est achevée en janvier.	1845 Wagner, *Tannhäuser*. Mérimée, *Carmen*.
1846 Mort le 15 janvier du Dr. Flaubert. Le 23 mars, mort de Caroline après avoir donné naissance à une fille prénommée elle aussi Caroline. Juillet, liaison avec Louise Colet.	1846 Michelet, *Le Peuple*. G. Sand, *La Mare au diable*.
1847 De mai à Juillet, voyage en Bretagne avec Maxime Du Camp. Flaubert travaille à *La Tentation de saint Antoine*.	
1848 Mort d'A. Le Poittevin. Fin de la 1re liaison avec L. Colet. Le 24 mai Flaubert commence la 1re version de *La Tentation de saint Antoine*.	1848 (février/juin) : révolution de février, chute de Louis-Philippe. Chateaubriand publie *Les Mémoires d'outre-tombe*. Marx rédige *Le Manifeste du parti communiste*.
1849 Le 1er septembre, Flaubert achève *La Tentation*. Lecture devant Bouilhet et Du Camp. Échec. Le 29 octobre, départ pour l'Orient (Égypte, Syrie, Palestine, Turquie). Retour par l'Italie.	
	1850 Courbet, *L'Enterrement à Ornans*.
1851 En juin, retour à Croisset. Reprise de la liaison avec L. Colet. Le 19 septembre, il commence *Madame Bovary*.	1851 2 décembre, coup d'État de Louis Napoléon.
	1852 Début du second Empire.

VIE ET ŒUVRE DE GUSTAVE FLAUBERT	CONTEXTE POLITIQUE, SOCIAL ET CULTUREL
1856 Le 1er octobre, début de la publication de *Madame Bovary* dans la *Revue de Paris*.	1856 Hugo, *Les Contemplations*.
1857 Le 7 février, Flaubert est acquitté après avoir été traduit devant le tribunal correctionnel. Octobre : rédaction du 1er chapitre de *Salammbô*.	1857 Baudelaire, *Les Fleurs du Mal*.
1858 D'avril à mai, 2e voyage en Orient (Algérie, Tunisie).	
1862 Publication de *Salammbô*. Succès auprès du public.	1862 Leconte de Lisle, *Poèmes barbares*.
	1863 Manet, *Le Déjeuner sur l'herbe*.
1864 Mariage de sa nièce Caroline avec Ernest Commanville. Le 1er septembre, Flaubert commence la 2e version de *L'Éducation sentimentale*.	1864 Création de la 1re Internationale.
	1865 E. et J. de Goncourt, *Germinie Lacerteux*.
1866 Flaubert est nommé chevalier de la Légion d'honneur. Amitié avec G. Sand.	1866 Verlaine, *Poèmes saturniens*. Offenbach, *La Vie parisienne*.
1869 Juillet, mort de L. Bouilhet. Flaubert est très affecté. En novembre, publication de *L'Éducation sentimentale*.	1869 Inauguration du canal de Suez Baudelaire, *Petits poèmes en prose*. Lautréamont, *Les Chants de Maldoror*.
1870 Nouvelles crises nerveuses. Croisset est réquisitionnée par les Prussiens. Période difficile.	1870 Guerre franco-prussienne, chute de l'empire.
	1871 18 mars-25 mai, Commune de Paris.
1872 Le 6 avril, mort de la mère de Flaubert. 20 juin, *La Tentation* est achevée.	

	1873 Mac-Mahon devient président de la République. Gouvernement d'ordre moral. Rimbaud, *Une saison en enfer*.
1874 Échec du *Candidat*, pièce écrite par Flaubert. Voyage en Normandie pour *Bouvard et Pécuchet*. 1er août, début de la rédaction de *Bouvard et Pécuchet*.	1874 Monet, *Impression soleil levant*. 1re exposition impressionniste à Paris. Barbey d'Aurevilly, *Les Diaboliques*.
1875 Ennuis de santé, accès de neurasthénie. Ruine des Commanville. Flaubert vend sa ferme de Deauville. À Concarneau, il commence *La Légende de saint Julien*.	1875 Bizet, *Carmen*. Renoir, *Le Moulin de la Galette*.
1876 Mars : mort de L. Colet. 7 juin : mort de G. Sand. L'écrivain achève *Un cœur simple* en août et *Hérodias* est mis en chantier en novembre.	
1877 Nouveau voyage en Normandie. 24 avril, parution des *Trois Contes*. Succès de presse.	1877 Zola, *L'Assommoir*.
1879 Flaubert se fracture le péroné. Tracas financiers liés à la faillite des Commanville. Il obtient une pension de 6 000 F.	1879 J. Grévy succède à Mac-Mahon.
1880 8 mai, mort soudaine de Flaubert à Croisset. Il est inhumé dans la sépulture familiale au Cimetière monumental de Rouen.	1880 Verlaine, *Sagesse*. Zola, *Le Roman expérimental*, *Les Soirées de Médan* Rodin, *Le Penseur*.
1881 Publication, avec des coupures, de *Bouvard et Pécuchet* dans *La Nouvelle Revue* (du 15 décembre 1880 au 1er mars 1881).	

Le cabinet de travail de Gustave Flaubert au pavillon de Croisset, près de Rouen

Synthèse générale

FLAUBERT AU MILIEU DU SIÈCLE

L'héritage littéraire

Flaubert naît avec le romantisme. Les *Méditations poétiques* de Lamartine, premier recueil poétique écrit au «je», paraît en 1820. Comme toute sa génération il va se reconnaître dans cette exaltation du moi, cette insatisfaction devant la réalité, cette aspiration à un ailleurs inaccessible. Il dévorera Hugo, Dumas, Chateaubriand, Gœthe, Musset. Et les premières œuvres porteront l'empreinte de ce mal du siècle puissamment dépeint dans *La Confession d'un enfant du siècle*.

Enfant désenchanté d'un siècle où il ne trouve pas sa place, Flaubert est aussi le fils du chirurgien-chef de l'hôpital de Rouen, épris d'objectivité scientifique et élevé dans le culte positiviste du fait. En même temps, il lit Balzac qu'il admire et auquel il empruntera le souci d'exactitude réaliste, la volonté de décrire avec exhaustivité la réalité sociale et historique.

L'œuvre flaubertienne est ainsi au confluent des deux courants littéraires majeurs du siècle : le romantisme et le réalisme. Habitée par cette dualité qui fut celle de son auteur : «il y a en moi, littérairement parlant, deux bonshommes distincts : un qui est épris de gueulades, de lyrisme, de grands vols d'aigle [...]; un autre qui creuse et fouille le vrai tant qu'il peut, [...] qui voudrait vous faire sentir presque matériellement les choses qu'il reproduit.»

À la croisée du siècle

En même temps, l'œuvre est à la croisée du siècle. La ligne de partage entre les œuvres de jeunesse, clôturées par la première version de *L'Éducation sentimentale* (1845), et les œuvres accomplies de la maturité reflète celle du siècle. Comme dans cet avant-dernier chapitre de *L'Éducation sentimentale* de 1869, un blanc sépare l'œuvre : Flaubert s'échappe en Orient. Entre-temps, la révolution avortée de février-juin 1848 a brisé les aspirations et les rêves de cette génération nourrie de romantisme à laquelle il appartenait. Le coup d'État de décembre vient parachever cette faillite. C'est le triomphe du bourgeois, de l'affairisme, de l'ordre. Le constat de cette faillite est dressé dans *L'Éducation sentimentale* : Dussardier est abattu par Sénécal et les biens de Mme Arnoux sont mis aux enchères et rachetés par Mme Dambreuse. Le pessimisme des grands romans flaubertiens exprimera ce désenchantement à l'égard de l'histoire.

L'évolution littéraire

Avec *Madame Bovary* s'opère une rupture profonde avec les œuvres antérieures. Le romantisme échevelé des *Mémoires d'un fou* (1838) a cédé la place à l'objectivité impersonnelle. Les six années de travail qu'a exigées le roman furent une longue et pénible ascèse, au terme de laquelle Flaubert refoule l'exubérance et le subjectivisme débridés de ses premiers récits. L'histoire de l'œuvre fut celle d'une longue quête du réalisme et des difficiles efforts pour surmonter le romantisme. Comme si la démarche créatrice reflétait, dans ses thèmes et dans ses formes, les mutations d'une histoire collective marquée par la revanche du réel sur le rêve. Le réalisme est dans l'air du temps, défini, érigé en doctrine, autour de la revue *Le Réalisme* dirigée par Duranty. Il s'agit de peindre, comme le proclame Baudelaire, la modernité. «Disparaissez donc, ombres fallacieuses de René, d'Obermann* et de Werther*...» Résolument à l'écart, poursuivant une démarche solitaire, Flaubert partage avec les réalistes l'idée qu'en art : «il n'y a ni beaux ni vilains sujets»; aussi l'écrivain peut-il désormais embrasser la matière sociale et humaine dans toute son étendue, «peindre le dessus et le dessous des choses». Le quotidien, l'insignifiant, le laid, le médiocre deviennent la matière première du roman.

UNE RÉVOLUTION ROMANESQUE

Cette évolution générale de l'œuvre se traduit par une série de transformations profondes, affectant l'esthétique romantique qui avait présidé aux œuvres de jeunesse. En même temps, le récit flaubertien se sépare du récit balzacien. C'est un renouvellement du genre narratif lui-même. En ce sens, on peut parler d'une révolution romanesque à propos de Flaubert.

Une nouvelle objectivité

Le romancier s'est effacé derrière ses personnages. Les intrusions de l'auteur, sous la forme de commentaires à la manière de Balzac ou

Stendhal, disparaissent. Se dénoue la complicité entre le narrateur et son héros. S'abstenant de juger les personnages ou les événements qu'il présente, le récit acquiert une sorte d'objectivité impersonnelle, le fameux «regard clinique» qu'évoquait Sainte-Beuve. Ainsi mis à distance, décrit en extériorité, privé de cette solidarité qui unissait le créateur à sa création, le monde est vidé de sa signification, exhibant sa laideur et son néant. C'est cette impartialité affectée, ce refus de juger ses personnages que le procureur Pinard reprochera à l'auteur de *Madame Bovary* en déclarant : «l'œuvre au fond n'est pas morale».

L'apothéose de la description

Autre innovation flaubertienne, le rôle nouveau conféré à la description. Exhaustive à la manière balzacienne, elle s'en sépare en grossissant démesurément le détail, isolant celui-ci jusqu'à disloquer l'ensemble auquel il appartenait, formant, comme la casquette de Charles Bovary, un monde à lui seul. Alors que la description balzacienne va du matériel à l'humain, donnant à lire une histoire collective et personnelle, faisant de l'objet, du lieu ou du paysage, le réceptacle des projets et des passions humaines, c'est la trajectoire inverse qu'accomplit la description flaubertienne, glissant de l'humain à l'inhumain, du vivant à l'inerte. Décrire pour Flaubert ne consiste pas à mimer le réel mais à le miner. La description balzacienne était synthétique, celle de Flaubert, fils du positivisme, est analytique, disséquant le réel pour mettre à nu son anatomie.

Aussi trouve-t-elle son accomplissement dans l'évocation de la destruction et de la mort. Comme dans *Salammbô*, où la minutie de la reconstitution est là, moins pour donner consistance à Carthage que pour en souligner le néant : l'épisode du défilé de la Hache donne la clé du projet descriptif flaubertien; décrire non pour reconstruire le réel et faire vrai mais pour le détruire, par la fragmentation en détails hétéroclites, qui rendent impossible toute vision d'ensemble («qu'on me montre le coco qui serait capable de dessiner un fauteuil carthaginois ou le vêtement de Salammbô»). C'est l'histoire avec un grand «H», le réel, qui passe ici par le défilé du style (pensons à l'étymologie du mot), haché et achevé par une description jubilatoire : «je fais du style cannibale», déclare Flaubert.

Encore subordonnée au récit chez Balzac, la description tend à recouvrir celui-ci chez Flaubert. C'est le célèbre imparfait qui ronge la narration, indice d'un monde où il ne se passe plus rien, où les événements attendus et rêvés ne se produisent pas. Bien plus, l'événement n'est pas montré mais suggéré indirectement par la description. Lorsqu'Emma s'abandonne à Rodolphe, le romancier brise la continuité narrative du passé simple, renonçant à relater l'étreinte pour décrire le paysage vu à travers les yeux de l'héroïne. Non seulement la description traduit l'évolution du récit, mais elle fait, elle est l'événement. Écrire est devenu décrire.

Le réalisme subjectif

Décrire pour Flaubert, c'est rendre compte d'une impression, le perçu s'effaçant sous la perception. C'est pourquoi il recourt si fréquemment au procédé de la focalisation interne*. Ainsi alternent dans le roman la description maniaque et objective, menée par un narrateur omniscient, et la description subjective menée du point de vue de la conscience d'un des protagonistes. Cette duplicité correspondant au conflit qui oppose la laideur du réel et l'intériorité rêveuse de personnages qui cherchent à la surmonter. *Madame Bovary* et *L'Éducation sentimentale* sont ainsi centrés autour d'un personnage omniprésent qui fait le lien entre les événements. La réalité se trouve de la sorte constamment filtrée, déformée, recréée au gré des fluctuations de la conscience. Parce qu'il cherche moins à restituer la réalité que la perception toujours fragmentaire, hallucinée de celle-ci, le réalisme flaubertien est un impressionnisme.

Le dialogue impossible

Avec Flaubert le dialogue cesse de jouer le rôle qui était le sien. Loin de fournir une indication sur la psychologie des personnages ou de faire avancer l'action, il frappe par sa vacuité. Chez Balzac, le langage des héros porte l'empreinte de leur passé et de leurs passions (pensons au père Grandet avare de ses mots) ; dans l'univers flaubertien, le langage est désindividualisé, simple parole sociale qui véhicule les stéréotypes sociaux. Un divorce se creuse entre le dit et le senti, et les dialogues signifient l'impossibilité même de tout dialogue réel. D'où cette aphasie qui, si fréquemment, atteint le héros flaubertien ; de là ces silences qui creusent la narration jusqu'à la quasi-absence de dialogues dans *Un cœur simple*.

L'ironie

L'ironie travaille secrètement l'univers flaubertien. Elle naît d'un décalage perpétuel entre l'événement attendu, désiré et l'événement survenu. Comme ce rendez-vous manqué entre Frédéric et Mme Arnoux dans *L'Éducation*. Elle ne vient pas et, ce qui surgit à sa place, c'est la révolution de février. Et quand, par hasard ou plutôt par ironie du sort, l'événement espéré survient, il déçoit. Décalage entre ce qui est dit et éprouvé (l'amour trahi par le «chaudron fêlé» du langage), entre les situations vécues et le monde qui les entoure, comme dans la scène des comices. Contrepoint ironique qui est l'emblème d'une secrète fêlure du réel, d'une discordance entre la conscience et la réalité.

LA TRANSGRESSION DU RÉALISME

Récit et réalité

L'insatisfaction, la répétition morne des jours, l'usure des rêves, l'incohérence des événements historiques, la laideur des choses, la prolifération hétéroclite des objets dénoncent l'insignifiance du monde. Réalisme paradoxal qui, tout en obéissant aux principes de l'esthétique réaliste (recours au document vrai, souci d'exactitude, impartialité), débouche pourtant sur une déconstruction du réel qu'il cherche à reproduire. Faisant surgir au cœur de celui-ci le néant qui l'habite. Dans sa fidélité obsessionnelle au détail, la description est détournée de sa fonction référentielle : elle ne dévoile plus une réalité historique et sociale, où se lisent un passé et un avenir humain qui lui donnent sa cohérence. Elle montre au contraire la laideur du détail, la matérialité opaque et incompréhensible de l'objet, ruinant ainsi la connivence tacite qui unissait l'homme au monde. Celle-ci cède alors la place à ce sentiment flaubertien par excellence : l'ennui, conscience aiguë de l'in-signifiance du réel, qui culmine dans le vertige, «cet envahissement de la conscience par l'objet, la rupture de toute signification[1]».

Nihilisme qui conduit Flaubert à inverser les rapports traditionnels que le réalisme établissait entre le réel et l'œuvre. Au lieu de poser la réalité comme la référence que le roman devait reproduire, il détruit cette dernière pour faire de l'œuvre la seule réalité.

«Le style... une manière absolue de voir les choses».

Seule l'œuvre d'art en effet peut opposer à l'inconsistance du réel une cohérence et une signification dont il est dépourvu. Ce n'est plus la ressemblance qui fait la valeur de la création artistique, «car il n'y a pas de Vrai... il n'y a que des manières de voir». Subordonner l'œuvre à la reproduction de la réalité, c'est la condamner à mimer le néant qui la

---

1. G. Bollème , *La Leçon de Flaubert,* éd. 10/18, p. 218.

ronge. «L'art n'est pas dans la réalité», affirme une lettre à Huysmans de 1879. Celle-ci n'est qu'«un tremplin».

Raconter, décrire ce n'est donc pas rejoindre un illusoire réel, mais donner forme et durée à ce qui n'en a pas; édifier un monde qui ne tient que par sa cohérence, qui ne doit sa nécessité qu'à lui-même. Grâce à la construction du récit, à tout un jeu de symétries et d'échos entre les personnages, les lieux, les situations. Grâce encore aux relations entre les mots, au rythme, aux sonorités de la phrase. «Ce qui me semble beau, ce que je voudrais faire, c'est un livre sur rien, un livre sans attache extérieure, qui se tiendrait de lui-même par la force interne du style [...] un livre qui n'aurait presque pas de sujet ou du moins où le sujet serait presque invisible», confie-t-il à Louise Colet. C'est pour cela qu'« il n'y a ni beaux ni vilains sujets» en littérature et qu'« Yvetot vaut Constantinople». Aussi le roman flaubertien est-il un roman où il ne se passe rien, mais où le style est tout, l'écriture primant la représentation de la réalité. «Dans la précision des assemblages, la rareté des éléments, le poli de la surface, l'harmonie de l'ensemble, n'y a-t-il pas une valeur intrinsèque ?», demande Flaubert.

Plus haut que la vie, il y a donc la beauté, qui la sauve de la médiocrité et de l'insignifiance. «L'artiste doit tout élever; il est comme une pompe [...]. Il aspire et fait jaillir au soleil en gerbes géantes ce qui était plat sous terre et qu'on ne voyait pas.» Sans lui, nous ne conserverions du réel que des sensations et des sentiments évanescents qui ne résisteraient pas au double effet dissolvant de la monotonie de la vie et du temps.

Du style à l'homme

Mais le culte du style ne débouche pas sur un formalisme froid. L'œuvre doit faire voir et émouvoir. Aussi doit-elle se conquérir sur l'utilisation ordinaire et utilitaire du langage, qui fait écran à notre perception des êtres et des choses : «avec votre langue châtrée par les grammairiens [...] pouvez-vous exprimer tout le parfum d'une fleur, tout le verdoyant d'un pré d'herbe ?» (*Smarh*). Elle exige donc cette sympathie profonde qui court tout au long de l'œuvre flaubertienne et dément les proclamations haineuses de la Correspondance. L'artiste est « tenu maintenant d'avoir de la sympathie pour tout et pour tous afin de les comprendre et de les décrire ». (lettre à Mlle Leroyer de Chantepie, décembre 1875). L'impersonnalité n'est pas le signe d'un mépris mais la condition requise pour une authentique participation à la vie universelle. De là le nécessaire et douloureux oubli de soi qu'exige du créateur la création artistique. Car «sa vie importe peu. Arrière la guenille!» (lettre à E. Feydeau, 21 août 1859).

Les grandes œuvres

LES ŒUVRES DE JEUNESSE

Diversité et constantes

Les œuvres de jeunesse composent un ensemble vaste et disparate qui commence avec les premiers textes conservés de Flaubert (trois pages d'un cahier d'écolier et un résumé de la vie de Louis XIII dédié à sa mère pour sa fête) et s'achève avec la première version de *L'Éducation sentimentale* de 1845. De cette quarantaine de récits et d'ébauches, seuls deux, très brefs, seront publiés du vivant de leur auteur : *Bibliomanie* et *Une leçon d'histoire naturelle, genre commis*, tous deux parus dans la revue littéraire rouennaise, *Le Colibri*, respectivement le 12 février 1837 et le 30 mars de la même année.

Ce qui frappe d'emblée, c'est la précocité de la vocation littéraire de l'adolescent et la diversité de cette production juvénile, tant sur le plan formel que sur le plan thématique. Gustave y fait ses gammes en puisant aux genres les plus variés : le conte philosophique, imité de Balzac (*Un parfum à sentir, La Main de fer*), le conte fantastique à la manière d'Hoffmann (*Rêve d'enfer*), le récit historique sur le modèle de Dumas (*Chroniques normandes, Deux mains sur une couronne*), le drame historique (*Louis XI*) popularisé par Dumas et Hugo, le récit autobiographique enfin, inspiré du *René* de Chateaubriand ou de *La Confession d'un enfant du siècle* de Musset (*Mémoires d'un fou, Novembre*).

Derrière cette diversité on découvre des constantes liées au romantisme ambiant : la veine fantastique d'une part, qui mêle le réel et le rêve, la complaisance pour la confession personnelle, l'exaltation du moi de sa différence hautaine d'autre part, l'ennui et l'insatisfaction devant la réalité enfin.

À côté des concessions obligées à l'esthétique romantique et de l'inachèvement formel qui les caractérise, ces œuvres de jeunesse laissent déjà entrevoir quelques-uns des grands thèmes de l'univers romanesque de leur auteur. Nombre de personnages esquissés préfigurent les grands héros flaubertiens. Ainsi en est-il du commis anonyme d'une *Histoire naturelle*, dont la silhouette, la vie bornée et jusqu'à «la casquette à larges bords verts [...] qui étend son ombre sur le papier de son voisin», annoncent la médiocrité de Charles Bovary, Bouvard et de Pécuchet. De même, l'héroïne d'*Un parfum à sentir*, dont la passion se brise contre l'égoïsme mesquin de son amant, est-elle déjà une sorte d'esquisse d'Emma Bovary et de sa relation avec Rodolphe et Léon. L'ermite de *Smarh* est une première mouture du saint Antoine de *La Tentation*. Pareillement, la Maria des *Mémoires d'un fou*, incarnation de la femme, épouse et mère, inaccessible et désirée, révérée et profanée, servira de modèle à Mme Arnoux dans *L'Éducation sentimentale*.

Outre les personnages, se mettent en place les constantes de l'univers flaubertien. La solitude, caractéristique des héros de *Bibliomanie*, de *Smarh*, des *Mémoires d'un fou* ou de *Novembre*. La passivité foncière, qui régit le comportement du personnage chez Flaubert : «Au milieu de tout cela je restais sans mouvement ; entre tant d'actions que je voyais, que j'excitais même, je restais inactif, aussi inerte qu'une statue», confesse le narrateur de *Novembre*. À l'énergie passionnée déployée par les héros balzaciens s'opposent l'apathie et la démission du personnage flaubertien, fondamentalement velléitaire : «malheur ! qu'ai-je donc ? le feu brûle mon âme, mais ma tête est de glace ; des passions sans but, qui roulent en moi [...] Que dire ? que faire ?», s'exclame Smarh.

Cruauté et grotesque

Autre trait encore : la fascination macabre pour la mort. Les descriptions crues de cadavres jalonnent les œuvres de jeunesse. Cadavre de François avec sa «bouche entrouverte et quelques mouches à viande (qui) venaient bourdonner jusque sur ses dents» (*La Peste à Florence*, 1836). Corps noyé de Marguerite, «gonflé, verdâtre, hideux et (qui) faisait mal à voir» (*Un parfum à sentir*, 1836), ou encore cadavre exhumé du Docteur Ohmlin dans *Rage et impuissance* (1836). À ce goût pour le macabre s'ajoute l'attirance durable chez Flaubert pour la laideur et la difformité physiques. La nouvelle la plus saisissante à cet égard est sans nul doute *Quidquid volueris*, fortement imprégnée du goût romantique pour les monstres, pensons à Hugo, mais révélatrice de l'imaginaire flaubertien. Djalioh, le héros, est le fils d'une esclave noire et d'un singe, élevé par Paul, son père adoptif. Sa laideur, longuement décrite, fait de lui la risée de tous. Rejeté par la femme qu'il aime, l'épouse de Paul, il la viole et se tue.

La violence de ce dernier conte fait apparaître l'extraordinaire cruauté qui baigne les premiers récits du jeune Flaubert : jalousie, rivalités, meurtres, viol, profanation se succèdent, opposant le fils au père (*Quidquid volueris*), le frère au frère (*La Peste à Florence*), l'amant au mari (*Mémoires d'un fou*), l'amante délaissée à sa rivale (*Un parfum à sentir*). Transposition à peine déguisée parfois des fantasmes érotiques de l'adolescent, de son conflit latent avec son frère, Achille, ou son père. Comme le fait remarquer J.-P. Sartre, les œuvres de jeunesse mettent en scène de façon répétitive des duels ou des affrontements, projections inconscientes de la rivalité entre Gustave et son frère, entre Gustave et ses condisciples du collège de Rouen. *Ivre et mort*[1], à travers le duel Hugues et Rymbault, ou *Bibliomanie*, à travers la concurrence entre Giacomo et Baptisto[2], attestent de la permanence de cette situation archétypale* de l'imaginaire flaubertien.

Enfin, la dernière originalité de ces premières œuvres tient moins au thème qu'au registre utilisé : le grotesque. Très tôt, celui-ci fait son apparition dans l'univers flaubertien, qui multiplie les personnages et les situations caricaturales. Emprunté à Hugo et à la célèbre *Préface de Cromwell* (1827) («le grotesque est, selon nous, la plus riche source que la nature puisse offrir à l'art»), il est déjà chez l'apprenti écrivain plus qu'un procédé : une vision du monde. Variété du comique, il pousse la caricature à l'excès, suscitant le laid, le difforme, outrepassant les limites de la vie ordinaire pour verser dans le fantastique. « Ah! qui suis-je ? je suis le vrai, je suis l'éternel, je suis le bouffon, le grotesque, le laid [...]; je suis ce qui est, ce qui a été, ce qui sera; je suis toute l'éternité à mois seul», répond Yuk à la Mort (*Smarh*). Le rire du Garçon, cette création collective de Flaubert collégien, fait ainsi son entrée sur la scène de l'œuvre, comme la seule réponse possible à la laideur et au néant de l'existence.

De cet ensemble exubérant émergent trois œuvres, plus abouties, plus longues aussi et qui adoptent déjà une forme romanesque : les *Mémoires d'un fou*, écrit pendant l'automne 1838, *Novembre*, achevé selon le manuscrit le 25 octobre 1842, *L'Éducation sentimentale*, première version, commencée en février 1843 et terminée le 7 janvier 1845.

---

1. Les deux personnages se lancent un défi pour savoir qui boirait le plus.
2. Tous deux rivalisent pour acquérir le livre unique.

Mémoires d'un fou

RÉSUMÉ

Les *Mémoires d'un fou* se présentent sous la forme d'un récit autobiographique divisé en 23 chapitres inégaux mais brefs. Il est dédié à A. Le Poittevin, première grande amitié de Flaubert, et se divise en deux blocs bien distincts.

Le premier comporte 9 chapitres assez brefs, le second, écrit «après trois semaines d'arrêt», 14 chapitres. La première partie se présente comme une confession débridée qui relate la vie, les pensées et les émotions d'un adolescent déçu par le monde qui s'ouvre devant lui. La deuxième partie, beaucoup plus narrative, retrace la rencontre bouleversante de Maria (Élisa Schlésinger) sur une plage normande; puis la brève et platonique liaison avec Caroline, une jeune Anglaise en vacances (transposition de la rencontre de Flaubert et de Caroline Heuland lors des vacances de Pâques 1837). Le récit s'achève sur l'évocation nostalgique de Maria et des lieux qui lui sont associés.

COMMENTAIRE

Le narrateur se présente d'emblée, comme le titre l'indique, comme un fou et s'inscrit dans le sillage du Musset de *La Confession d'un enfant du siècle*, publiée deux ans auparavant. Évoquant le mal de vivre de l'adolescent tour à tour exalté et désespéré : «Et pourquoi si jeune tant d'amertume ? [...] La lassitude me prit, je vins à douter de tout. Jeune, j'étais vieux.» Rêves d'évasion, de voyages, dégoût de vivre et insatisfaction se succèdent : «Oui, je meurs, car est-ce vivre de voir son passé comme l'eau écoulée dans la mer, le présent comme une cage, l'avenir comme un linceul ?» Flaubert y exprime avec violence son rejet du collège («le collège m'était antipathique [...] je n'ai jamais aimé une vie réglée, des heures fixes, une existence d'horloge, où il faut que la pensée s'arrête avec la cloche»). Son mépris pour une société dont il dénonce le matérialisme et l'esprit étriqué («malheur à l'aridité de cette civilisation qui dessèche et étiole tout ce qui s'élève au soleil de la poésie et du cœur »). Contre elle, il revendique sa folie, c'est-à-dire l'aptitude au rêve, le refus des limites que lui impose une réalité décevante : «emportée par cette pensée aventureuse [...], je restais des heures entières, la tête dans mes mains, le plus paresseux de tous...»

Omniprésent, insistant, le «je» interpelle le lecteur, multiplie les exclamations et les interrogations. La composition elle-même, volontairement décousue, cherche à restituer la spontanéité d'une pensée qui s'épanche : «je vais mettre sur le papier tout ce qui me viendra à la tête». Mais l'aspect somme toute assez conventionnel de l'ouvrage s'efface lorsque, brutalement, au centre du livre, la «folie» cède la place au récit de la rencontre d'Élisa Schlésinger à Trouville, pendant les vacances de l'été 1836 (chapitre 10 à 14). Avec sincérité et d'une manière très directe, ces pages révèlent les principales composantes de l'érotisme flaubertien. Le fétichisme vestimentaire d'abord : ici le manteau abandonné sur la place grâce auquel la rencontre a lieu et qui deviendra le «châle à bandes violettes» de *L'Éducation sentimentale*. L'amour impossible pour la femme mariée et mère, ici Maria, dont le prénom souligne la dimension sacrée. Le triangle amoureux ensuite, qui fait du héros flaubertien un rival passif («je pensais à son mari, à cet homme vulgaire et jovial»). La composante agressive enfin qui satisfait, de manière imaginaire, les rêves d'une possession sexuelle brutale et profanatrice interdite dans la réalité («je me mis à rire, car la jalousie m'inspira des pensées obscènes et grotesques; alors je les souillai tous les deux, j'amassai sur eux les ridicules les plus amers...»). C'est déjà l'image double de la femme, mère et prostituée, qui se met en place dès les *Mémoires d'un fou*, doublet qui revivra à travers les traits de Mme Arnoux et de Rosanette dans *L'Éducation sentimentale* de 1869.

Novembre

RÉSUMÉ

Novembre reprend la forme de la confession inaugurée par les *Mémoires d'un fou*. D'une seule coulée, la narration rapporte les attentes et les rêves charnels d'un jeune homme. On peut néanmoins distinguer trois moments dans celle-ci. D'abord une sorte d'autobiographie sentimentale, qui s'achève sur une initiation sexuelle du narrateur avec une jeune prostituée, Marie. Ensuite, le récit que la jeune femme fait de son passé. Enfin, l'intervention d'un ami du narrateur, qui décrit les années de solitude et d'ennui du héros venu faire son droit à Paris et la mort de celui-ci en décembre 1841.

Proche encore des *Mémoires d'un fou* pour le genre (l'autobiographie romancée) et pour les thèmes, *Novembre*, œuvre plus étoffée, offre cependant une structure narrative plus complexe et plus intéressante, qui fait d'elle vraiment la première création aboutie de Flaubert. Commencé au « je », le récit se présente sous la forme d'une confession lyrique qui relate les sentiments et les émotions exaltées de l'adolescence. Puis, la rencontre d'une prostituée qui va initier l'adolescent à l'amour physique, introduit un deuxième narrateur : la jeune femme, qui raconte son passé à l'adolescent. Confession dans la confession qui établit un parallèle entre le jeune homme et Marie. Tous deux ont recherché l'amour mais se sont brisés contre la médiocrité du monde. Une fois la jeune femme disparue, le narrateur obsédé par le souvenir de Marie reprend son récit, qui s'achève brutalement. Surgit alors un nouveau narrateur qui rapporte à la troisième personne les dernières années de son ami : « Le manuscrit s'arrête ici mais j'en ai connu l'auteur. »

Dans ce jeu sur les différents narrateurs, c'est l'introduction du troisième personnage qui est la plus intéressante. En effet, le « je » qui relate le « je » initial, oppose à l'autoportrait du début un portrait distancié, critique et souvent ironique du héros : « Dès sa première jeunesse il s'était nourri de très mauvais auteurs, comme on l'a pu voir à son style », commente celui qui se présente comme l'ami du narrateur. Et pourtant : « Il avait la vanité de croire que les hommes ne l'aimaient pas ; les hommes ne le connaissaient pas. » Dans ce passage du « je » au « il », véritable dédoublement de l'écrivain, Flaubert prend ses distances avec le subjectivisme et le lyrisme de ses premières œuvres. Ironisant sur les clichés, les procédés, les poncifs de l'écriture romantique : « si quelqu'un ayant passé, pour arriver jusqu'à cette page, à travers toutes les métaphores, hyperboles et autres figures qui remplissent les précédentes, désire trouver une fin, qu'il continue ; nous allons la lui donner ». C'est l'adieu ironique au pathos du style et du sentiment, qui annonce le Flaubert pourchasseur acharné de l'idée reçue. « C'était un homme qui donnait dans le faux, dans l'amphigourique et faisait grand abus d'épithètes », conclut lucidement le narrateur de *Novembre*.

Si la part autobiographique est encore très présente dans le récit (ainsi la rencontre de Marie est une transposition de la liaison brève et brûlante de Flaubert avec Eulalie Foucaud lors de l'été 1840), elle est ici recréée et mise au service des grands thèmes fondamentaux de l'imaginaire flaubertien. L'insatisfaction, à laquelle parviennent, par des voies différentes, celui qui vit par le rêve et celle qui vit de son corps. La déception engendrée par la possession physique («je repensais à tout ce que j'avais fait, et je fus pris d'une indéfinissable tristesse; j'étais plein de dégoût, j'étais repu, j'étais las»). L'obsession de la femme ou plutôt d'une image de celle-ci, qui hante le héros jusqu'à le rendre inapte à toute adaptation sociale : «À mesure que le temps s'éloignait, je l'aimais de plus en plus, avec la rage que l'on a pour les choses impossibles.» Car, chez Flaubert déjà, on n'aime jamais au présent mais sur le mode du regret. Le héros de *Novembre* ne répond pas à l'offre d'amour de Marie et ce n'est qu'après qu'il comprend qu'il ne pourra jamais se défaire de l'image obsédante de la jeune femme. Rejoignant ainsi cette remarque si importante des *Mémoires d'un fou* à propos de Maria : «Je ne l'aimais pas alors, et en tout ce que je vous ai dit, j'ai menti; c'était maintenant que je l'aimais» (chapitre 21). Chez Flaubert, c'est toujours la séparation et la mémoire qui suscitent le désir. On aime avant («je désirais mon désir» est-il dit dans *Novembre*) ou après («je regrettais ma joie»). Faisant écho à l'adolescent des *Mémoires d'un fou* qui écrivait : «Ces souvenirs étaient une passion», se développe le narcissisme foncier de l'eros flaubertien, qui désire moins l'autre, la femme passionnément rêvée, que son propre désir, que l'image qu'il s'en est faite. C'est ainsi déjà le Frédéric Moreau de *L'Éducation sentimentale* qui se met en place dans *Novembre*.

L'Éducation sentimentale

(première version)

RÉSUMÉ

Le premier chapitre débute par l'arrivée à Paris, un matin d'octobre, d'un jeune provincial venu faire son droit dans la capitale. Logeant à la pension Renaud, il s'éprend d'Émilie, l'épouse du propriétaire de l'institution. Relation brûlante qui occupe, pour l'essentiel, vingt-quatre des vingt-sept chapitres que comporte l'ouvrage. Le récit de cette liaison est entrecoupé par les lettres que Jules, l'ami d'enfance resté en province, écrit à Henry et dans lesquelles il rapporte ses états d'âme et l'échec de son amour pour Lucinde, une comédienne (chapitres 3, 8, 12, 17).

Fuyant l'univers étroit de la pension, Émilie et Henry s'embarquent pour New York (chapitre 22) où ils espèrent mener une vie nouvelle. C'est très vite l'échec et les amants reviennent en France où ils se séparent (chapitre 24). Henry oublie vite sa passion, achève ses études, mène une vie mondaine. Cependant Jules a changé. Guéri de sa passion, revenu du romantisme de son adolescence, il se consacre à l'étude et fait son apprentissage d'écrivain. Il rejoint son ami à Paris (chapitre 25), mais, devenus trop différents, ils se séparent : Henry conclut un mariage d'affaires et Jules part pour l'Orient.

COMMENTAIRE

Une nouvelle technique romanesque

À la différence de *Novembre* encore écrit de manière linéaire et très largement à la première personne, l'ouvrage marque une nouvelle étape dans l'écriture romanesque de l'auteur : le « je » a reculé au profit du « il », ne subsistant plus que dans les lettres de Jules à Henry. Les rêves, les émotions se sont incarnés dans des personnages bien vivants : Émilie Renaud, son mari, Morel, les habitués de la pension, etc.

De la même façon, le monologue lyrique a cédé la place en partie aux dialogues qui animent le récit et font vivre les personnages. Enfin la structure s'est enrichie. Devenue plus complexe, elle croise le récit de deux destinées qui vont se séparer au moment où elles se retrouvent spatialement : rapporté au « je », le destin de Jules se développe en opposition à celui d'Henry, raconté à la troisième personne. À la mobilité du second s'oppose l'immobilité du premier, à la vie sociale de l'un la vie solitaire et recluse de l'autre, à l'activité d'Henry la vie contemplative de son ami, à la passion assouvie de celui-là pour une femme réelle, la passion rêvée de celui-ci pour une comédienne qui le dupe.

Un roman d'amour et d'amitié

Le livre est d'abord une éducation sentimentale, au sens large que revêt l'expression pour Flaubert, éducation du cœur, formation de l'esprit, entrée dans le monde social. Dans le sillage de Balzac. La pension Renaud est un écho affaibli de la pension Vauquer dans *Le Père Goriot*. Au centre de cette éducation, la passion d'Henry pour Émilie Renaud, première esquisse de Mme Arnoux. Passion qui se solde par un échec, progressivement ruinée par le contact avec la réalité (la vie à New York) qui vient détruire les rêves des amants, usée par le temps et l'éternel malentendu sur lequel s'établit le désir amoureux : «dans le développement comparé d'une passion, d'un sentiment, [...] l'un devance toujours l'autre [...]. Les âmes ne marchant pas de front» (chapitre 23).

Récit du naufrage inexorable de l'amour, *L'Éducation sentimentale* est encore le roman d'une amitié entre deux êtres dissemblables, préfiguration de celle qui unira Frédéric et Deslauriers dans la version de 1869. Mais une amitié trahie par Henry, qui a renoncé aux idéaux qui la soutenaient : «nous devions demeurer dans la même maison ; tous les matins jusqu'à midi nous aurions travaillé, chacun à notre table», écrit Jules à Henry. Prenant le relais des rapports de rivalité et de haine qui hantaient les récits de jeunesse, l'amitié fournira désormais à l'œuvre flaubertienne le modèle d'une relation idéale opposée au mode de vie bourgeois caractérisé par le mariage et son corollaire inévitable, l'adultère.

Une autobiographie intellectuelle

Mais surtout cette première version de *L'Éducation sentimentale* est une véritable autobiographie intellectuelle qui reflète la transformation profonde de l'écrivain et ses nouvelles conceptions esthétiques. Commencée en février 1843, alors que Flaubert étudie le droit à Paris, elle est achevée le 7 janvier 1845. Entre temps, il y a eu la crise de Pont-Lévêque, qui a décidé de la nouvelle orientation de la vie de l'auteur. C'est à la lumière de celle-ci que l'œuvre prend tout son sens. Derrière la dualité des personnages se profile celle de Flaubert.

De même que la crise nerveuse résolvait de façon involontaire et subie le dilemme de l'écrivain, partagé entre le choix d'une carrière dictée par le père et le désir personnel d'écrire, de même *L'Éducation sentimentale* dénoue, de façon lucide, l'alternative en la représentant sous une forme romanesque.

D'abord personnage secondaire, relégué dans l'ombre d'Henry (désigné au premier chapitre comme «le héros de ce livre»), Jules prend une importance croissante pour devenir le véritable héros du récit. Alors qu'Henry a renoncé à ses rêves pour entrer dans la vie sociale, Jules choisit la voie difficile de l'art. Car il n'y a pas pour Flaubert de conciliation entre ces deux voies. L'art exige le sacrifice de la vie, la solitude, l'ascèse. Il faut être Jules ou Henry.

Et le dernier chapitre expose les conceptions artistiques du romancier. Marquées d'abord par la distance prise avec les poncifs romantiques, ses personnages, ses lieux, ses situations («il apprit la géographie et ne plaça plus le climat du Brésil sous la latitude de New York... la fureur de Venise se passa également...»). Contre toute école, tout courant, est affirmée l'autonomie de l'œuvre d'art : «chaque œuvre a sa poétique spéciale».

Loin d'émaner de la spontanéité du sentiment ou de la passion, l'œuvre est le produit de l'observation et de l'analyse raisonnée de la réalité. Aussi exige-t-elle l'étude, la patience, se conquérant contre la subjectivité érigée en norme par le romantisme. Jules étudie l'histoire, la géographie, la littérature, etc... Il observe la nature, se mêle à la foule, entre en sympathie avec la diversité du monde, car écrire exige cette osmose du moi et du réel, ce panthéisme qui met l'écrivain en état de participer de l'intérieur au mouvement de la vie : «sympathie qui entend les souffrances, miséricorde qui pèse les passions, scepticisme qui creuse les faits».

Par ce devoir d'objectivité qu'il s'impose, l'artiste confie à l'art le rôle de représenter, d'exprimer toute la diversité de la vie naturelle et humaine, libérant celui-ci de tout critère esthétique («il vit qu'il n'y avait quant à l'art rien en dehors de ses limites, ni réalité, ni possibilité d'être»), arbitraire (le beau) ou moral (le bien). Sa démarche est la même que celle du savant : «la science ne reconnaît pas de monstre [...] la laideur n'existe que dans l'esprit de l'homme». Et Flaubert poursuit à propos de Jules : «il étudiait le criminel, l'ignoble, le grossier et l'obscène, toutes les nuances de ce qui nous effraie et nous dégoûte». «Le monde entier lui apparut reproduisant l'infini et reflétant la face de dieu», écrit le romancier. Tel est le sens de l'épisode fantastique de la rencontre du chien dans le chapitre précédent, qui confronte brutalement l'apprenti-écrivain à une réalité mystérieuse et angoissante, qui symbolise cette part obscure de la réalité intérieure et extérieure que l'artiste doit exprimer et à laquelle il doit donner forme.

LES ROMANS DE LA MATURITÉ

Madame Bovary

HISTOIRE DE L'ŒUVRE

Comme *Le Rouge et le Noir* de Stendhal, *Madame Bovary* s'inspire d'un fait divers banal survenu en 1848 dans la région de Rouen et qui aurait été suggéré à Flaubert par son ami Bouilhet. Eugène Delamare, officier de santé, et ancien élève du père de l'auteur, épouse en secondes noces Alice Delamare, née Couturier, une jeune femme beaucoup plus belle que lui. Celle-ci le trompe, notamment avec Louis Campion, le Léon du roman, clerc de notaire à Ry, Yonville dans le livre. Elle meurt à 27 ans, peut-être d'un suicide.

À ce fait divers qui fournit la trame de l'intrigue s'ajoutent deux autres sources : les *Mémoires* de Mme Lafarge, qui venait d'empoisonner son mari et dans lesquelles elle révèle son caractère rêveur et son insatisfaction ; les *Mémoires* de Mme Ludovica d'autre part, qui relatent la vie agitée de Louise Pradier, femme du sculpteur et amie de Flaubert. Ce dernier y trouvera l'un des ressorts dramatiques de son récit : l'endettement d'Emma, la menace de saisie, le désir d'en finir avec la vie.

L'écriture

La décision d'écrire *Madame Bovary* ne se comprend qu'à la lumière de l'échec que vient de subir Flaubert avec *La Tentation de saint Antoine*, la grande œuvre qui l'obsédera sa vie durant. Achevée le 12 septembre 1849, il la lit à ses amis Maxime Du Camp et Louis Bouilhet ; le verdict est sévère : « Nous pensons qu'il faut jeter cela au feu et n'en jamais reparler ! » Reprochant tous deux à l'ouvrage son romantisme exubérant, son style baroque, ils orientent alors Flaubert vers un sujet « terre à terre » seul capable de discipliner son lyrisme. *Madame Bovary* sera donc d'abord une cure, visant à débarrasser son auteur de son lyrisme impénitent. Dans la foulée, Flaubert entreprend avec Du Camp un voyage de vingt mois en Orient (octobre 1849 à juin 1851), prenant ainsi symboliquement congé avec ses tentatives littéraires antérieures. Curieusement, c'est là que le projet de *Madame Bovary* prend forme : « devant les paysages africains, il rêvait à des paysages normands », écrit Du Camp. Dès son retour le 19 septembre 1851, Flaubert se met au travail. Le roman sera achevé le 30 avril 1856 – 55 mois de labeur pour rédiger ce qu'il appelait « le pensum ». Si la première partie est terminée en août 1852, il ne lui faudra pas moins de trois ans pour écrire la seconde. « Ce récit me dégoûte », écrit-il le 12 septembre 1853 et toute sa correspondance de cette époque est jalonnée de déclarations similaires, exprimant son venin, sa colère et sa difficulté d'écrire. À celle-ci s'ajoute le travail de documentation que, par souci de réalisme, Flaubert s'impose. Deux exemples en témoignent : pour décrire l'opération du pied-bot, il consulte le *Traité pratique du pied-bot* du docteur Duval ; pour décrire la pharmacie d'Homais, il recourt à l'*Officine ou Répertoire général de pharmacie pratique* de Dorvault.

La publication

Achevé en avril 1856, le manuscrit est expédié le 31 mai à Paris pour être publié dans la *Revue de Paris* à partir du 1er octobre 1856. La livraison doit se poursuivre sur six numéros. Par prudence, la scène du fiacre (III, 1) est supprimée dans le tirage du 1er décembre. La protestation de Flaubert est alors publiée dans le numéro suivant. Mais le roman connaît une soudaine notoriété lorsque, le 29 janvier 1857, Laurent Pichat, le directeur de la revue, l'imprimeur et Flaubert doivent répondre « d'outrage à la morale publique et religieuse et outrages aux bonnes mœurs », devant la 6e chambre correctionnelle de Paris. Malgré le réquisitoire du procureur Pinard, Flaubert est acquitté et le roman, publié dès avril 1857, par l'éditeur Michel Lévy, connaît un succès immédiat : les 15 000 premiers exemplaires sont vite épuisés et il faut procéder à un nouveau tirage. Du côté de la critique, l'accueil est plus mitigé : éloge réservée de Sainte-Beuve dans le très gouvernemental *Moniteur*, hommage de Victor Hugo : « *Madame Bovary* est une œuvre », de Baudelaire : « un roman, et quel roman ! le plus impartial, le plus loyal », de Barbey d'Aurevilly pour qui le livre « tranche avec une littérature de copiage plus ou moins issue de Balzac et de Stendhal ». Mais ces jugements sont plutôt isolés face à une critique dans l'ensemble défavorable : «M. Flaubert n'est pas un écrivain», écrit Jules Habans dans *Le Figaro*.

RÉSUMÉ

L'œuvre s'ouvre sur l'arrivée burlesque de Charles Bovary qui a alors 15 ans, au collège de Rouen. Les trois chapitres suivants relatent ses études médiocres, son premier mariage raté, son installation comme médecin de santé à Tostes, bourg du pays de Caux, sa rencontre avec Emma et son remariage avec cette dernière. Emma devient le personnage principal et les chapitres 5, 6 et 7 content ses désillusions conjugales. Seule la réception à la Vaubyessard, chez le marquis d'Andervilliers, rompt la grisaille de sa vie, en l'introduisant momentanément dans le monde de l'aristocratie. La première partie s'achève avec le chapitre 9, qui marque un retour à la réalité décevante de la vie à Tostes. Emma, enceinte et en proie à des troubles nerveux, convainc son mari de déménager.

La seconde partie s'ouvre sur une longue description d'Yonville et de ses notables, parmi lesquels figurent Homais, le pharmacien, et Lheureux, le commerçant de nouveautés, où se déroulera désormais la vie d'Emma. Celle-ci y fait la connaissance de Léon Dupuis, clerc de notaire, qui partage avec elle son dégoût de la vie provinciale. Quoique méprisant toujours davantage son époux, la jeune femme se refuse à Léon, qui quitte Yonville au chapitre 6. La rencontre de Rodolphe Boulanger lors de la scène des comices, au centre de cette deuxième partie, est le début d'une liaison qu'Emma vit passionnément, mais Rodolphe refuse de fuir avec elle. Il lui écrit une lettre de rupture qui déclenche une nouvelle et grave maladie nerveuse chez la jeune femme (chapitres 13 et 14). Guérie, elle retrouve Léon Dupuis à Rouen, lors d'une soirée à l'Opéra. Tous deux conviennent d'un rendez-vous et deviennent amants dans un fiacre qui parcourt les rues de Rouen. C'est le début de cette troisième partie.

Dès lors, la vie d'Emma est scandée par ses allers et retours entre Yonville et Rouen, où elle retrouve le jeune homme. De plus en plus endettée auprès de Lheureux, riche commerçant d'Yonville, Emma est menacée de saisie. Rodolphe, son ancien amant, refuse de lui prêter les 3 000 francs qu'elle lui demande. Elle s'empoisonne (chapitre 8). Les trois derniers chapitres décrivent la solitude de Charles Bovary, son hébétude et sa mort. Homais reçoit la croix d'honneur.

LA NARRATION :
UNE ARCHITECTURE MUSICALE

« Quelle lourde machine ! »

On le devine, la médiocrité de cette histoire posait de sérieuses difficultés à Flaubert. Comment organiser cette matière offerte par le fait divers sans lasser le lecteur ? Comment faire de ces pauvres vies gâchées des destins romanesques ? Défi relevé puisque Baudelaire saluait dans *Madame Bovary* le type du roman moderne, reposant tout entier sur la force de son style : « Nous étendrons un style nerveux, pittoresque, subtil, exact sur un canevas banal ». C'est en effet moins dans ce qu'il raconte que dans la narration, c'est-à-dire l'ensemble des procédés utilisés pour rapporter les événements, que *Madame Bovary* opère une véritable révolution romanesque.

« Quelle lourde machine à construire qu'un livre, et compliquée surtout ! », confiait Flaubert à Louise Colet le 13 septembre 1852. Quoique ne le satisfaisant pas entièrement, la composition de l'œuvre dissimule une très grande rigueur. La disproportion flagrante entre les trois parties du récit, 9 chapitres pour la première partie, 15 pour la seconde, presque deux fois plus longue que la précédente, et 11 pour la dernière, obéit moins à une maladresse dans la composition qu'à une logique musicale voulue par le romancier : « Si jamais les effets d'une symphonie ont été reportés dans un livre, ce sera là ! » C'est cette structure symphonique qui commande à la fois l'organisation de chaque partie et le jeu complexe de correspondances qui s'établit entre les chapitres.

Si les trois parties sont très inégales, la deuxième en position centrale constitue une sorte de sommet préparé par la partie précédente. La dernière partie, plus rapide, constitue un **decrescendo** qui s'achève sur la mort des Bovary. Au cœur de cette partie médiane, se détache un chapitre lui-même central par rapport au reste du roman : l'épisode des comices. Cette disposition est reprise à l'intérieur de chaque partie, elle-même organisée autour d'un centre, la noce pour la première partie (I, 4), le bal masqué pour la troisième (III, 6). De même que le roman s'ouvre et se ferme sur trois chapitres centrés sur le personnage de Charles Bovary, son entrée et sa sortie, de même chaque partie s'ouvre sur une arrivée et une sortie : arrivée de Charles au collège de Rouen (I, 1); arrivée des Bovary à

Yonville (II, 1), d'Emma à Rouen (III, 1); départ du couple qui quitte Tostes (I, 9), départ pour Rouen (II, 15), mort des deux héros (III, 8 et III, 11); chaque partie reprenant, en le modulant, un même schéma dramatique.

La première partie, un prélude

À la lueur de cette organisation musicale, la brièveté de la première partie prend tout son sens; celle-ci fonctionne comme **une sorte de prélude**, dans lequel sont orchestrés tous les thèmes que développeront les deux parties suivantes : la nullité de Charles est le motif d'ouverture inlassablement repris au long du récit, son premier mariage raté préfigure l'échec de son remariage avec Emma; la vie monotone à Tostes laisse présager celle d'Yonville; les promenades d'Emma dans la campagne (I, 7) annoncent celles de la deuxième partie (II, 3 et II, 9); le bal à la Vaubyessard, brève échappée hors de Tostes (I, 8), sera repris par la soirée à l'Opéra de Rouen (II, 15) et le bal masqué de la troisième partie (III, 6); comme l'arrivée de Charles pour soigner le père Rouault (I, 3) sera reprise dans la deuxième partie avec la venue du docteur Canivet (II, 11) et dans la troisième partie (III, 8) avec celle du docteur Larivière venu au chevet d'Emma agonisante.

Une structure répétitive

À ces effets de symétrie s'ajoute tout **un jeu insistant d'échos** qui relie les chapitres, les personnages, les lieux et les objets, **brisant ainsi la continuité chronologique du récit**. Le romanesque naît ici non de la succession dramatique des événements, comme chez Balzac, mais d'**une construction narrative fondée sur la répétitivité**, soulignant ainsi cette absence d'événement, ce temps circulaire dans lequel sont enfermés les personnages. Deux exemples illustrent ce procédé : les promenades solitaires d'Emma jusqu'au pavillon de chasse (I, 7), reprises dans le chapitre 9 de la seconde partie lorsque la jeune femme se rend à la Huchette pour y retrouver Rodolphe; la promenade inaboutie avec Léon (II, 3) est répétée (II, 9), mais à Léon a succédé Rodolphe et Emma cède au hobereau. De même, l'apparition de Charles au début du livre décrit son entrée grotesque qui déclenche un véritable chahut. Incapable d'articuler son nom, l'adolescent est condamné au «banc de paresse», écarté de ses compagnons. Le dernier chapitre du livre reprendra sous une autre forme cette situation initiale, mais cette fois-ci Charles quitte la collectivité des hommes, sortie silencieuse et solitaire, le jardin a succédé à la classe, Berthe aux élèves et le «banc sous la tonnelle» au «banc de paresse». Charles ne tient plus une casquette entre ses doigts mais une mèche des cheveux d'Emma.

Échos et dissonances

Cependant il ne s'agit jamais d'une simple répétition. Flaubert opère toujours une modification, souvent de détail, qui introduit une fêlure, **une dissonance dans le dispositif de la répétition**, comme dans ce bal masqué du chapitre 6 de la dernière partie qui fait écho au bal à la Vaubyessard (I, 8). Au moment de plénitude vécue jusqu'au vertige, («ils tournaient : tout tournait autour d'eux [...] il baissait ses regards vers elle, elle levait les yeux vers lui») succèdent le dégoût de soi et le malaise : «Elle s'évanouissait; on la porta devant la fenêtre [...]. Tout et elle-même lui était insupportable.» De la même façon, l'intervention réussie de Charles sur le père Rouault (I, 3) est reprise au chapitre 11 de la seconde partie, sur le mode de l'échec, avec l'épisode du pied-bot. Ainsi, la répétition offre un écho ironique, introduisant un décalage qui souligne à la fois la ressemblance monotone des êtres, des choses et des situations et leur inexorable altération. La répétitivité constitue le véritable principe générateur du roman : deux mariages, deux amants, deux docteurs (Canivet et Larivière) mais également deux cafés à Yonville, «deux bocaux rouges et verts» dans la vitrine d'Homais et deux «banderoles d'indienne» dans celle de Lheureux.

L'art du contrepoint

La référence à la musique est d'ailleurs inscrite métaphoriquement dans le roman. D'une part dans le chapitre final de la deuxième partie, qui se déroule à l'Opéra de Rouen où Emma et Charles assistent à la représentation de *Lucie de Lammermoor*, d'autre part dans la scène des comices. Ces deux épisodes, construits d'ailleurs d'une façon similaire, obéissent à une **composition contrapuntique*** : ils se situent en effet sur deux plans à chaque fois : pendant que se déroule la cérémonie des comices avec ses discours officiels, Rodolphe et Emma, réfugiés à une fenêtre de la mairie qui surplombe la scène, mènent un dialogue qui s'entrelace avec les propos de Lieuvain, le conseiller. Dans le chapitre 15, cette même structure contrapuntique se retrouve, mais cette fois, Emma est avec Charles et le contraste naît du décalage entre le drame représenté et les propos absurdes de son mari.

LE TEMPS ET LA DURÉE

La chronologie suspendue

Ce qui est remarquable dans le roman, c'est l'absence de précisions temporelles qui situent le récit dans le temps historique. Une seule date, au début, qui renvoie au père de Charles Bovary, suffit à ancrer la fiction dans la réalité historique. À la différence de *L'Éducation sentimentale*, qui s'ouvre sur un repérage chronologique précis, à la manière de Balzac («le 15 septembre 1840, vers six heures du matin»), *Madame Bovary* est un **roman sans date, qui efface tout renvoi explicite aux événements historiques**. Or, d'une part, les brouillons préparatoires montrent le souci de Flaubert d'inscrire son récit dans l'histoire d'une époque; d'autre part, l'action rapportée se déroule sur une période bien précise qui va de l'automne 1830, juste après la révolution de juillet, à l'été 1847, avec la mort de Charles, soit la fin de la monarchie de Juillet. Tout se passe cependant comme **si cette matière historique était dissoute dans une temporalité naturelle**, ponctuée par le rythme des saisons : «les poiriers étaient en fleurs», quand Charles Bovary revient après son deuil aux Bertaux (I, 3), Emma «eut des étouffements aux premières chaleurs, quand les poiriers fleurirent» (I, 9). Les rares événements qui surviennent aux personnages sont mis en relation avec le cycle végétal ou les variations météorologiques, c'est-à-dire avec une absence d'événement, la nature se répétant éternellement. Flaubert exprime ainsi la monotonie de cette vie de province, soumise au rythme des saisons mais également la lente dissolution du temps humain dans cette temporalité invisible et sourde qui use les êtres et les choses.

L'imprécision des marques temporelles, articles indéfinis, adverbes à valeur fréquentative, pluriels, renforcent cette impression d'une chronologie suspendue dans une durée incertaine, floue, comme vaporisée par le souvenir. Ainsi ces ouvertures de chapitre, dont l'imprécision concourt à la tonalité mélancolique du livre : «une nuit, vers 11 heures» (I, 2), «elle songeait quelquefois» (I, 7), «souvent, lorsque Charles était sorti» (I, 9). Le passé simple, temps du récit, de l'événement est ici comme dilué par l'utilisation de l'imparfait, symbole de ces vies inabouties et rongées par la répétition.

Le seul temps qui importe est celui que perçoit la conscience d'Emma et que l'auteur livre au lecteur : sentiments de lenteur et de vide des jours. **La focalisation interne** qui place le lecteur dans la conscience du personnage, *le style indirect libre* qui nous livre sans intermédiaire le contenu de celle-ci, sont autant de procédés par lesquels le romancier parvient à communiquer ce sentiment du temps, éprouvé de l'intérieur, que Bergson* appellera la durée. Aussi le roman glisse-t-il sans transition du temps rapporté à la durée, comme dans ce passage de la fin de la première partie : «et alors la série des mêmes journées recommença. Elles allaient donc maintenant se suivre ainsi à la file, toujours pareilles, innombrables et n'apportant rien!» La tonalité mélancolique du livre naît, en partie, de ce filtrage du temps, tamisé par une conscience qui le conjugue sur le double mode du regret et de l'attente rêveuse : «elle aperçut les murs de son couvent [...]. Quel calme dans ce temps-là! comme elle enviait les ineffables sentiments d'amour qu'elle tâchait, d'après des livres, de se figurer» (III, 6). Ici, Emma se revoit et regrette non ce qu'elle faisait, mais ce dont elle rêvait, comme si le regret ne rejoignait jamais rien d'autre que l'ombre de ses rêves. Flaubert montre alors une Emma qui se projette au-delà du présent : «au fond de son âme cependant, elle attendait un événement» (I, 9). Le temps flaubertien n'est pas le temps stendhalien, nerveux, ramassé, temps de l'action projetée et accomplie, c'est **le temps vaporeux de la rêverie** par lequel la conscience échappe au temps historique et social.

Le narrateur impassible

Autre originalité du roman, remarquée dès sa publication, le point de vue adopté par Flaubert et défini ainsi par Sainte-Beuve dans son *Lundi* qui saluait la parution de *Madame Bovary* : «fils et frère de médecins distingués, M. Gustave Flaubert tient la plume comme d'autres le scalpel». C'est cette nouvelle façon d'écrire, impersonnelle, froide, impassible qui a d'abord frappé les contemporains, les a scandalisés aussi. Flaubert **rompait ainsi avec la narration romantique**, toute imprégnée de subjectivité, introduisant le «je» de l'écrivain tour à tour commentant et jugeant ses personnages. C'est **ce parti pris d'objectivité**, de tout montrer sans rien voiler au nom de la morale, qui concourt au réalisme de l'œuvre.

Le procureur Pinard dans son réquisitoire contre *Madame Bovary* en dénonce les «méfaits» : « (la morale) stigmatise la littérature réaliste [...] quand elle peint sans frein ni mesure.» En recourant à la seule description, l'écrivain donnait à voir la laideur du monde qu'il campait : évocation clinique du pied-bot (II, 11), du visage purulent de l'aveugle (III, 5), de l'agonie d'Emma (III, 8). Selon Flaubert, la démarche du romancier, observateur de la nature humaine, doit s'inspirer de celle du savant. Il faudra donc «traiter l'âme avec l'impartialité que l'on met dans les sciences physiques».

Mais curieusement, cette impassibilité d'un narrateur omniscient et lointain qui «traite les hommes comme des mastodontes et des crocodiles», se double d'un **narrateur-témoin** qui vient replacer les événements du récit dans une mémoire collective. C'est le mystérieux «nous» de l'incipit : «nous étions à l'étude quand le proviseur entra»..., relayé par le «on» qui fait du narrateur l'un des élèves. Si le «nous» disparaît ensuite, la référence à cette conscience-témoin réapparaît au moins à deux reprises : au début de la deuxième partie : «depuis les événements que l'on va raconter, rien, en effet, n'a changé à Yonville»...; à la fin du livre, lorsque le présent réapparaît, rompant le système verbal du récit, pour faire d'Homais le contemporain du narrateur et du lecteur, **le passé rejoignant aussi le présent de l'histoire réelle et de l'écriture** : «il fait une clientèle d'enfer, l'autorité, le ménage, l'opinion publique le protège. Il vient de recevoir la croix d'honneur.»

UNE FRESQUE SOCIALE

Comme son sous-titre l'indique, «mœurs de province», *Madame Bovary* est **un roman de mœurs** dans le sillage des «scènes de la vie de province» de Balzac. Flaubert y décrit la vie quotidienne d'une bourgade normande sous la monarchie de Juillet, insérant ses personnages dans une géographie minutieusement détaillée. On songe, à la lecture du premier chapitre de la deuxième partie, à la description de Verrières au début du *Rouge et le Noir*. Mais la chronique est vite dépassée par une **véritable fresque sociale** qui, si l'on excepte le premier chapitre, embrasse sur huit années toute une société provinciale, décrivant ses milieux et transformations. Yonville, à l'image de la France rurale de l'époque, est un microcosme où se côtoient petite bourgeoisie, paysans et exclus.

L'apothéose bourgeoise

De cette petite bourgeoisie conformiste, âpre au gain, Flaubert montre la diversité et les clivages, avec d'une part le monde des petits commerçants (Lheureux, Homais, Madame Lefrançois, Tellier) et de l'autre, celui des fonctionnaires et notaires (Binet, le percepteur, Guillaumin, Léon) et des médecins (Bovary, Canivet, Larivière). Le premier est dominé par les deux grandes figures d'Homais et de Lheureux, les vrais triomphateurs du récit. À travers eux, Flaubert montre l'ascension irrésistible d'une petite bourgeoisie avide de promotion économique et de reconnaissance sociale. Lheureux, le propriétaire du magasin de nouveautés, connaît une ascension rapide fondée sur l'arrivisme le plus sordide : sur le plan dramatique, il est l'instrument de la ruine d'Emma et de son suicide et, sur le plan économique, il s'empare de toute une partie de l'économie locale, ruinant à terme «le Lion d'or» et son service de diligences. «Tout lui réussissait», écrit Flaubert (III, 13). À côté de Lheureux, Homais incarne l'autre face, idéologique et politique de ce triomphe de la bourgeoisie. Correspondant du journal de Rouen, jouant à l'occasion le rôle d'indicateur (épisode de l'aveugle), il est intimement lié au pouvoir en place, épris d'ordre. La dernière phrase du livre, «il vient de recevoir la croix d'honneur», marque les débuts de sa carrière politique. Mais il est aussi celui qui diffuse le credo laïc et positiviste. Adepte des idées nouvelles, véhiculant les clichés du progrès et de la science, il est le véritable idéologue d'Yonville.

Quant à Charles et Emma, ils apparaissent, au sein même de leur milieu, comme des déclassés. Charles, fils d'un aide chirurgien aux armées est un raté qui ne parvient pas à devenir médecin ; Emma, fille d'un «cultivateur aisé», est élevée comme une bourgeoise et nourrit des aspirations bien au-dessus de sa condition. Leur mariage est déterminé par des nécessités économiques, qui poussent le père Rouault à marier sa fille, sans dot, à un modeste officier de santé. Ainsi la ruine des Bovary ne relève pas de la responsabilité individuelle d'Emma mais résulte d'une situation sociale bâtarde. À l'opposé, Canivet et Larivière, les médecins appelés à la rescousse de Charles, incarnent une réussite intellectuelle et sociale que Flaubert, par son entourage familial, avait pu connaître de près.

Avec Léon Dupuis, le romancier campe le portrait type du petit bourgeois falot tenté par la vie de bohème, mais qui finira par s'intégrer à cette vie provinciale qu'il abhorrait, désireux à la fin du livre de se défaire d'une liaison trop compromettante, au moment où «il allait devenir premier clerc». Avec ironie, Flaubert clôt son portrait par une remarque cinglante : «chaque notaire porte en lui les débris d'un poète» lui faisant même épouser, après la mort d'Emma, Mlle Léocadie Lebœuf !

Le peuple et ses exclus

À l'arrière-plan, peu important au niveau dramatique, mais omniprésent, se profile le monde paysan, avec ses habits, ses intérieurs, ses mœurs, son langage. La description de la ferme de madame Rolet (II, 3) est à cet égard révélatrice du réalisme flaubertien : à l'opposé des embellissements rustiques de George Sand, elle exhibe une misère sordide : « de l'eau sale coulait partout en s'éparpillant sur l'herbe, et il y avait tout autour plusieurs guenilles indistinctes [...]. La nourrice parut [...] elle tirait un pauvre marmot chétif, couvert de scrofules au visage. » (II, 3). De cette ferme ruinée au luxe aristocratique de la Vaubyessard, du domaine de Rodolphe, la Huchette, aux difficultés financières du père Rouault (I, 3), l'œuvre offre une véritable photographie du monde rural au milieu du XIXe siècle.

Enfin, se profilent les laissés-pour-compte, autres victimes de la fatalité sociale, qui portent inscrits en leur chair la dureté de l'ordre social. Cette catégorie de personnages est représentée par Hippolyte le pied-bot, victime de l'incapacité de Charles et de l'ambition d'Homais ; par l'aveugle, personnage sans nom, qui hante les marges d'Yonville, renvoyant à Emma l'image de sa faute et dont le visage repoussant porte les marques de la misère à laquelle il est réduit. S'y rattache aussi Catherine Leroux, la vieille servante récompensée lors des comices pour ses cinquante-six ans de services dans une même ferme, et dont le corps détruit est « l'humble témoignage de tant de souffrances subies ». À force de montrer sans chercher à démontrer, **la fresque se fait satire** impitoyable d'une humanité mesquine et dérisoire, dont Yonville devient le symbole.

LA DÉNONCIATION DE LA BÊTISE

Mais, à la différence de Victor Hugo ou de George Sand, le témoignage sociologique n'est pas ici au service d'un réquisitoire social ou d'un projet politique. Le romantisme social est mort avec l'échec de la révolution de 1848. Celui-ci se nourrissait d'une foi en l'homme et d'un optimisme révolutionnaire étrangers à Flaubert. Le réalisme de *Madame Bovary* s'inspire au contraire **d'un pessimisme radical à l'égard de l'humanité**, dont l'écrivain traque le dérisoire, le grotesque et le néant. Partageant le désenchantement d'une génération imprégnée d'idéaux romantiques et brisée par l'Histoire, Flaubert rédige d'abord un **livre rageur et ironique sur la bêtise**. Mais le mot ici désigne bien davantage qu'un banal défaut d'intelligence individuel ou collectif. Sa portée est moins satirique qu'ontologique. C'est l'expression d'une vision du monde envisagé « au point de vue d'une blague supérieure » , le mot caractérise l'existence humaine dans sa double dimension grotesque et dérisoire. Emblème d'une société vidée de tout idéal et rongée par l'ennui, la bêtise recouvre tout ce qui déshumanise l'homme en le poussant à reproduire mécaniquement les façons d'être, de sentir et de penser d'une époque, le dépouillant de toute vie intérieure et personnelle. **La bêtise, c'est l'inhumain en l'homme**, le mécanique plaqué sur du vivant.

Le triomphe de la matière

De là, cette **présence obsédante des objets** dans l'univers flaubertien, signes d'un monde envahi par les choses, incarnations matérielles, comme la casquette de Charles Bovary, de la laideur du réel. Par son attachement fasciné aux objets, son exhaustivité maniaque, la description chez Flaubert rend l'objet monstrueux, détruit son unité en la dissolvant dans le détail et ruine sa signification humaine et sociale. Bien plus, elle tend à se substituer aux personnages qui apparaissent comme recouverts par les choses ou les vêtements qu'ils arborent. Ainsi, dans l'évocation des convives de la Vaubyessard, seuls les objets vivent et s'animent : «les éventails peints s'agitaient, les bouquets cachaient à demi le sourire des visages, et les flacons d'or tournaient dans des mains entr'ouvertes dont les gants blancs marquaient la forme des ongles et serraient la chair au poignet» (I, 8). Non seulement l'humain ici se recule derrière le signe matériel, mais il est morcelé, pulvérisé en visages, mains, poignets, chevelures, etc.

Cette chosification des êtres est particulièrement nette dans les portraits, où le personnage semble à chaque fois prisonnier d'un vêtement ou d'un objet qui le contraint à une attitude ou des postures mécaniques et ridicules. Ainsi en est-il de Charles Bovary dans le premier chapitre : «quoiqu'il ne fût pas large d'épaules, son habit-veste de drap vert à boutons noirs devait le gêner aux entournures et laissait voir par la fente des parements, des poignets rouges habitués à être nus. Ses jambes, en bas bleus, sortaient d'un pantalon jaunâtre très tiré par les bretelles...» Citons également l'apparition de Binet (II, 1) ; «vêtu d'une redingote bleue, tombant droit d'elle-même tout autour de son corps maigre, et sa casquette de cuir [...] laissait voir, sous la visière relevée, un front chauve qu'avait déprimé l'habitude du casque». Les objets deviennent autant d'emblèmes épiques de la nullité des personnages et la casquette est à Charles Bovary ce que le bouclier était à Achille ; mais les signes se sont ici inversés : ce n'est plus à la gloire mais à la dérision que renvoie l'attribut du personnage.

Hommes et animaux

La bêtise, c'est encore **cette présence obsédante de l'animalité** qui rôde aux lisières du roman, comme une sorte de contrepoint ironique à l'univers humain d'Yonville. Pendant la cérémonie des comices, le beuglement des bêtes forme une sorte de basse continue qui accompagne les discours de Lieuvain et le dialogue entre Emma et Rodolphe : «malgré le silence la voix de Lieuvain se perdait dans l'air [...] puis on entendait tout à coup par derrière soi un long mugissement de bœuf ou bien les bêlements des agneaux» (II, 8). Ce rapprochement de l'humain et de l'animal va **jusqu'à la résorption du premier dans le second**, comme avec le personnage de Catherine Leroux dont Flaubert écrit : «dans la fréquentation des animaux, elle avait pris leur mutisme et leur placidité.» (II, 8). Une animalité sourde envahit l'onomastique* des personnages : résonances bovines qui minent le nom de Charles ou de la Vaubyessard, références encore plus explicites chez Tuvache, le maire, maître Hareng ou Léocadie Lebœuf, la fiancée de Léon. Yonville, concentré d'humanité, est un bestiaire grotesque.

La faillite des mots

Enfin la bêtise, c'est celle qui pousse les personnages, à leur insu, à reproduire sans distance, les clichés de leur milieu, de leur profession ou de l'époque. Le *Dictionnaire des idées reçues*, dont le projet remonte à 1850, constitue un précieux fichier où puise le romancier. Cette parole impersonnelle et morte qui parle en chacun des personnages témoigne d'une véritable **destruction de la subjectivité**, envahie par ce «on» qui la réduit à se faire le porte-parole mécanique des stéréotypes ambiants. Jusque dans l'intimité de la rêverie, au plus profond du moi, Emma véhicule les clichés sentimentaux du romantisme : «au galop de quatre chevaux, elle était emportée depuis huit jours vers un pays nouveau, d'où ils ne reviendraient pas. Ils allaient, ils allaient enlacés sans parler.» (II, 12). La bêtise de son mari réside dans son conformisme et son écœurante banalité : «La conversation de Charles était plate comme un trottoir de rue, et les idées de tout le monde y défilaient dans leur costume ordinaire sans exciter d'émotion, de rire ou de rêverie» (I, 7). **La bêtise réside dans ce renoncement à toute pensée personnelle** au profit de l'idée reçue, figée dans une formule et que chacun ressasse. Dès lors, ce n'est plus l'individu que l'on entend mais la collectivité professionnelle, politique, sociale qui parle à travers lui. Cet **effet de troupeau** engendré par l'idée reçue dispense de l'inquiétude de vivre, elle offre le confort d'une vérité admise et la sécurité du conformisme. Homais parle comme un pharmacien, Bournisien débite mécaniquement les formules d'une foi désertée. **Flaubert ne juge jamais**, laisse parler ses personnages, se livrant dans les dialogues à une constante **parodie des lieux communs** de son époque : ainsi Homais reproduit le catéchisme positiviste, empreint d'anticléricalisme et de scientisme. Lieuvain, le conseiller qui prononce le discours de clôture des comices, incarne la langue de bois officielle : périphrases emphatiques, métaphores éculées, personnifications se succèdent dans une parodie dévastatrice.

L'hommage lyrique à la poule en témoigne : «modeste animal, ornement de nos basses-cours, qui fournit un oreiller moelleux pour nos couches...» La dénonciation virulente du conformisme se double ici d'un **pessimisme à l'égard du langage**. Envahi par le cliché, celui-ci ne nous condamne-t-il pas à répéter inexorablement une parole anonyme ? «Je» peut-il être autre chose que ce lieu vide, ce «lieu vain» où circulent les mots des autres ? Modernité de *Madame Bovary*, qui témoigne d'une véritable crise du langage, thème récurrent de l'œuvre de Mallarmé et, plus proche de nous, de Beckett : «Je suis en mots, je suis fait de mots, des mots des autres», écrira ce dernier dans *L'Innommable*. Flaubert déploie dans son roman cette **faillite du langage** : «la parole est comme un chaudron fêlé où nous battons des mélodies à faire danser les ours, quand on voudrait attendrir les étoiles » (II, 12).

LE ROMAN DE L'ÉCHEC

L'échec des rêves

«Un des conflits les plus ordinaires et qui convient le mieux au roman est le conflit entre la poésie du cœur et la prose des relations sociales...» affirmait Hegel dans l'*Esthétique*. Cette définition peut s'appliquer au roman de Flaubert où, face à un univers provincial figé dans la médiocrité, se dresse Emma, opposant inlassablement à une réalité décevante ses rêves d'une autre vie plus belle et plus libre. Incarnation de la femme bourgeoise, enfermée dans sa condition d'épouse et de mère, qui n'a d'autre issue que l'adultère ou le rêve. Condamnée par son statut de femme à la passivité, **Emma transgresse les limites** que lui impose une société d'hommes. Ruinant le ménage par ses dettes, elle refuse les règles économiques; dominant Léon, prenant l'initiative de l'adultère, elle renverse les rapports homme/femme («il devenait sa maîtresse plutôt qu'elle n'était la sienne» III, 5); enfin, déguisée en homme, elle transgresse sa féminité. Aussi mourra-t-elle **victime des hommes** qui l'exploitent : sexuellement, comme Rodolphe qui refuse de lui prêter de quoi rembourser ses dettes; économiquement, comme Lheureux. Même si ses rêves sont le reflet naïf de ses lectures, il y a quelque chose de pathétique dans ce refus de la vie telle qu'elle est, dans cette révolte désespérée contre la laideur d'une réalité dont Bovary et Homais sont les symboles. On comprend du même coup le célèbre «madame Bovary, c'est moi!» de Flaubert. Emma est un double du créateur. Comme l'artiste, elle cherche à dépasser par l'imagination les limites que lui imposent le réel; comme lui, elle occupe une place marginale dans la vie sociale, dépouillée de tout pouvoir économique et politique. Mais le créateur donne forme à ses rêves, il les écrit et Emma n'est qu'une lectrice, simple consommatrice passive des rêves des autres. En cela elle est le contraire même de l'écrivain, ce contre quoi il doit se battre pour parvenir à une expression et un style qui lui soient propres.

Mais tout romancier est d'abord un lecteur, comme Emma, et son livre court le risque de n'être que le reflet des livres qu'il a lus.

Madame Bovary, c'est lui!

Là encore l'héroïne apparaît comme un **double de Flaubert** : lui aussi, comme toute une génération, a partagé les rêves du romantisme dans lequel il a été élevé, mais l'histoire est venue briser ses illusions. L'échec de la révolution de 1848 y a mis un point final. Or il est difficile de se déprendre de ses rêves, et les œuvres antérieures de Flaubert témoignent de l'emprise du romantisme sur le style et la narration. L'échec d'Emma, son suicide, c'est la façon dont il prend congé avec le passé, c'est le **Flaubert romantique qui meurt avec son héroïne**. À travers elle, il se met à mort. *Madame Bovary* est «une catharsis*» et le poison dont Emma meurt est le contrepoison, l'antidote des chimères du passé. L'arsenic d'Homais est, comme le «pharmakos» [1] grec, ambivalent : dans son bocal bleu, la couleur d'Emma, il est le poison des rêves qui ont dévoré l'héroïne et Flaubert lui-même, mais il est aussi le symbole de la laideur d'un monde médiocre, celui qu'Homais incarne, et que tous deux vomissent. L'arsenic

---

1. En grec, le mot signifie à la fois le poison et le remède.

liquide l'art et la vision du monde romantique, devenus désormais incapables de traduire la réalité historique. À travers lui s'opère le passage au réalisme. *Madame Bovary* est donc un livre qui s'écrit contre les livres, le roman anti-romanesque du désenchantement devant la modernité. Emma est notre Don Quichotte et son créateur notre Cervantès.

La banqueroute du désir

Récit de l'échec des rêves venant se briser contre la boutique d'Homais, *Madame Bovary* est aussi le récit de l'échec de la passion. Flaubert écrit une anti-*Princesse de Clèves*. Alors que l'héroïne de Madame de Lafayette trouvait l'amour sans le chercher, pour ensuite y renoncer, Emma cherche l'amour sans le trouver, tout en s'offrant à ses Nemours de province.

La première rencontrait la passion parce qu'elle ne l'avait jamais connue, la seconde ne la rencontrera pas pour l'avoir trop rêvée. C'est qu'Emma aime moins l'amour pour le plaisir qu'il peut lui procurer, qu'une image de l'amour qu'elle a puisée dans les livres. C'est pourquoi elle est toujours déçue; Charles, Rodolphe et Léon sont trois incarnations forcément décevantes parce que bien réelles de la passion. Charles représente la contrefaçon grotesque de l'amour, rongé par la promiscuité conjugale; Rodolphe, l'amant qui ne va pas jusqu'au bout de la passion, par prudence et sens de l'économie; Léon, l'inexorable usure de l'amour. Lorsqu'elle n'est pas rendue impossible par l'autre, la passion se détruit d'elle-même avec le temps : «Emma ressemblait à toutes les maîtresses; et le charme de la nouveauté, peu à peu tombant comme un vêtement, laissait voir à nu l'éternelle monotonie de la passion, qui a toujours les mêmes formes et le même langage » (II, 12), songe Rodolphe; et Léon lui-même «s'ennuyait lorsqu'Emma, tout à coup, sanglotait sur sa poitrine.» (III, 6). Cependant qu'Emma à son tour «était aussi dégoûtée de lui qu'il était fatigué d'elle.» (III, 6).

Mensonge et passion

De là, cet effort constant d'Emma pour reconstituer cette image de l'amour qui la fait vivre, substituant à l'amant médiocre un fantôme et un fantasme, qu'elle nourrit de son imagination inlassable : aussi continue-t-elle à écrire à Léon qu'elle n'aime plus car, «en écrivant, elle percevait un autre homme [...] fait de ses plus ardents souvenirs, de ses lectures les plus belles, de ses convoitises les plus fortes.» (III, 6). La force de

Flaubert est bien, comme le montre René Girard, de dévoiler l'illusion, l'équivoque sur laquelle repose la passion exaltée par les écrivains romantiques : «ce mensonge qu'est le désir spontané»[1], le romancier le débusque chez Emma : celle-ci désire à travers des modèles et jamais spontanément.

À rebours, **Charles est le seul qui aime sincèrement et absolument.** Sa passion pour Emma est directe, sensuelle et sa dépendance quasi animale. Mais sa médiocrité, sa vulgarité physique sont à l'opposé de l'image qu'Emma se fait de l'amant romantique. Dépouillant Charles de tout attrait, **Flaubert sape la fiction sur laquelle reposait la passion;** l'amant porte une «casquette enfoncée sur les sourcils», une redingote sur laquelle «se trouvait étalée toute la platitude du personnage» (II, 5), et, comble de prosaïsme, il ronfle lorsqu'Emma rêve (III, 12).

La fin d'un mythe

Ce que détruit le roman, c'est le mythe romantique de l'amour : Emma n'en connaîtra que sa version parodique sous la double forme bourgeoise du mariage raté et de l'adultère banal. Peignant l'envers matériel et souvent sordide de la passion, démontant le mécanisme d'auto-illusion dont elle procède, Flaubert met fin au mythe de la passion, dont le roman, jusqu'à Hugo et Balzac, s'était nourri, et qui servait de trame à l'intrigue. En ce sens, *Madame Bovary* est le premier roman de la littérature moderne. Celui-ci ne raconte plus les péripéties d'une passion, il se fait **le récit d'un désir vague, inabouti,** qui s'enlise dans l'attente et s'illusionne sur sa sincérité. Le désenchantement d'Emma, annonce déjà celui de Swann dans *La Recherche du temps perdu* de Proust. Curieusement, seul le personnage de Charles échappe par sa mort à ce naufrage de la passion amoureuse : pareil au prince de Clèves, il meurt d'amour. Mais, ironique clin d'œil au mythe amoureux, c'est le mari médiocre et ridicule qui incarne la force et la grandeur de la passion, et c'est sur le banc où Rodolphe et sa femme se rencontraient qu'il agonise. Enfin, dans une dernière dérision, Flaubert fait subir à Charles une dissection : comme si, en ce monde positiviste et matérialiste, il était impensable de mourir d'amour : «Trente-six heures après, sur la demande de l'apothicaire, M. Canivet accourut. Il l'ouvrit et ne trouva rien.»

---

1. R. Girard, *Mensonge romantique et vérité romanesque*, Grasset (1961).

Salammbô

La genèse

À peine *Madame Bovary* publié, Flaubert songe déjà, en ce printemps 1857, à écrire un roman historique intitulé «Carthage». Comme pour donner libre cours à son imagination, refoulée trop longtemps par la longue ascèse de *Madame Bovary*: «J'éprouve le besoin de sortir du monde moderne où ma plume s'est trop trempée et qui d'ailleurs me fatigue autant à reproduire qu'il me dégoûte à voir», écrit-il à Mlle Leroyer de Chantepie, le 18 mars 1857. Au goût naturel de Flaubert pour l'Antiquité («Je porte l'amour de l'Antiquité dans mes entrailles») s'ajoute la vogue du roman historique, du Chateaubriand des *Martyrs* (1809) au Hugo de *Notre-Dame de Paris* (1831).

La lecture d'un passage de l'*Histoire romaine* de Michelet, inspiré d'un épisode de l'historien grec Polybe relatant la guerre impitoyable de Carthage contre ses mercenaires, va lui fournir le sujet de son récit. Il puise dans Polybe ses principaux personnages: Mâtho, Spendius, Narr'havas, Hamilcar, un ordre chronologique à partir de la succession des batailles et une trame romanesque: les fiançailles de Narr'Havas et d'une fille d'Hamilcar.

Dès lors Flaubert se lance dans un travail de bénédictin, accumulant les lectures et se constituant une documentation minutieuse. Paradoxalement, ce qui aurait dû être écrit dans l'allégresse de l'imagination libérée, s'avère un labeur lent et douloureux, comme l'avait été la gestation du roman précédent. Si à la fin de 1858 les trois premiers chapitres sont achevés, il faudra attendre avril 1862 pour voir l'ouvrage achevé. Ainsi, il ne faudra pas moins de trois mois au romancier pour rédiger le célèbre 8e chapitre (*La bataille du Macar*) et neuf versions successives!

La publication

Publié le 24 novembre 1862, le roman connaît un succès immédiat auprès du public: la première édition est épuisée au bout de six semaines. En revanche, l'accueil est beaucoup plus mitigé du côté de la critique. D'un côté l'unanimité élogieuse de ses pairs: Hugo, Michelet, Gautier, Berlioz, Baudelaire («Ce que Flaubert a fait, lui seul pouvait le faire»), de l'autre, les réticences de Sainte-Beuve : «Un poème ou roman historique [...] qui sent trop l'huile et la lampe» et les reproches de l'archéologue G. Froehner, contestant l'authenticité de la reconstitution historique de *Salammbô*. Néanmoins, avec *Salammbô*, Flaubert commence sa véritable carrière d'écrivain célèbre et mondain.

RÉSUMÉ

Le roman s'ouvre sur le festin offert aux mercenaires de Carthage par Hamilcar Barca, chef de l'armée punique. Mais, furieux de ne pas être payés, ceux-ci pillent le domaine d'Hamilcar (chapitre I). Redoutant la puissance de cette armée inactive, Carthage convainc les mercenaires de quitter la ville contre la promesse de régler leur solde (chapitre II). La nouvelle du meurtre d'un groupe de leurs compagnons demeurés isolés dans la cité déclenche la colère des barbares. Conseillé par Spendius, ancien esclave, Mâtho le Libyen prend la tête de l'armée et marche sur Carthage (chapitre III). La ville assiégée est déchirée par la rivalité entre Hannon et Giscons. Le premier, jaloux de la gloire d'Hamilcar, entend profiter de l'absence de celui-ci pour affermir son pouvoir. Aussi pousse-t-il à la guerre contre les mercenaires. Le second, en revanche, prône la paix et convainc le conseil de régler la solde des barbares. Envoyé en ambassade dans le camp des mercenaires, il découvre que Carthage l'a trahi et il est retenu prisonnier (chapitre IV). Cependant, Mâtho, hanté par Salammbô, la fille d'Hamilcar, qu'il a rencontrée lors du festin, ne songe qu'à entrer dans Carthage pour la revoir. Avec l'aide de Spendius, il pénètre dans la ville. Là, il dérobe le voile de Tanit, divinité lunaire protectrice des Carthaginois. Il se rend chez Salammbô. Celle-ci comble alors un désir ancien, celui de contempler le voile sacré (chapitres IV-V). En perdant le voile, Carthage voit sa puissance amoindrie. Abandonnée par ses alliés, l'armée punique commandée par Hannon est vaincue (chapitre VI).

Le chapitre VII marque un tournant : c'est le retour d'Hamilcar. Prenant le commandement de l'armée, il écrase Spendius lors de la bataille du Macar (chapitre VIII). Malgré sa victoire, il n'est pas secouru par Carthage et Hannon. Poussée par Schahabarim qui l'a initiée au culte de Tanit, Salammbô se rend dans le camp des mercenaires pour reprendre le zaïmph (chapitre X). Après s'être donnée à Mâtho, elle rapporte le voile à son père. Le retour du voile coïncide avec une nouvelle victoire de l'armée carthaginoise opportunément renforcée par la trahison de Narr'Havas, le chef des mercenaires numides. Hamilcar promet sa fille à ce dernier (chapitre XI). Mais l'incurie d'Hannon prive Hamilcar d'une victoire complète et Carthage est à nouveau assiégée (chapitre XII). La ville assiégée se détourne alors de Tanit, pour sacrifier ses enfants à Moloch, dieu mâle et cruel (chapitre XIII). Le retour de la pluie et une nouvelle ruse d'Hamilcar, qui sort de la ville entraînant les barbares derrière lui, sauvent Carthage. Les mercenaires, prisonniers dans le défilé de la Hache, meurent de faim et de soif. Malgré un ultime combat inégal, Mâtho est vaincu par Hamilcar (chapitre XIV). Le dernier chapitre décrit le supplice de Mâtho et la mort de Salammbô au moment où elle s'apprête à épouser Narr'Havas.

UNE NARRATION PARADOXALE

Le paradoxe du temps

Cette trame événementielle que lui lègue la chronique de l'historien Polybe, Flaubert la traite de manière résolument linéaire et chronologique : le récit se déroule sur quinze chapitres d'une seule coulée, qu'enserre une temporalité volontairement indécise. Les trois ans et demi de la guerre décrite par les chroniqueurs sont ici vaporisés dans une datation incertaine dont les repères sont délibérément vagues («un matin», «un jour») ou empruntés au calendrier carthaginois («un jour, c'était le troisième mois de Tibby» VIII). La chronologie elle-même est simultanément comme abolie par la conscience des personnages : «en se retrouvant aux places où il l'avait déjà vue, l'intervalle des jours écoulés s'effaça dans sa mémoire.» (V), écrit Flaubert à propos de Mâtho. Paradoxe du récit historique flaubertien qui, tout en se moulant dans un temps historique attesté et daté, dissout celui-ci dans la durée vécue par les personnages. Un peu comme si le temps n'existait que sur le mode subjectif, temps intérieur et affectif. C'est pourquoi la narration elle-même ne recourt jamais pour son propre compte à un retour dans le passé. Celui-ci est le fait des personnages, hantés par un passé inaccessible comme Antharite le Gaulois songeant «à la senteur des pâturages par les matins d'automne, à des flocons de neige... » (VI) ou fixés à un épisode décisif de leur destin, comme Salammbô revoyant Mâtho supplicié : « bien qu'il agonisât, elle le revoyait dans sa tente, à genoux, lui entourant la taille de ses bras... » (chapitre XV).

Le paradoxe de l'intrigue

Conformément à la tradition du roman historique, *Salammbô* juxtapose deux plans. Une intrigue politico-militaire d'une part : l'affrontement entre Carthage et l'armée des mercenaires et les querelles internes à la cité pour le pouvoir ; une intrigue amoureuse d'autre part : la passion hallucinée et sacrilège de Mâtho pour Salammbô. Mais alors que le récit historique place l'intrigue fictive toujours au premier plan de la narration*, Flaubert inverse ici les rôles. Si le personnage de Salammbô donne son titre à l'ouvrage, il n'occupe pas une place centrale, ni un rôle déterminant dans l'action. Là où Emma Bovary faisait le lien entre les différents événements, ceux-ci étant presque toujours ramenés à sa conscience privilégiée de personnage, acteur et témoin, Salammbô apparaît assez peu : entrevue dans le premier chapitre, elle réapparaît aux chapitres III et V pour ne revenir que dans les chapitres X et XI, et faire à la fin du roman une ultime apparition.

Quant à Mâtho, beaucoup plus présent, c'est davantage à son rôle de chef des mercenaires qu'à son rôle d'amant qu'il le doit : l'essentiel du livre relatant les épisodes monotones et sanglants de la guerre entre Carthage et les barbares. Mais, paradoxalement, cette promotion de l'histoire au rôle d'intrigue principale n'est pas au service d'un quelconque didactisme* : Flaubert n'a pas voulu faire de ses personnages des incarnations de l'histoire en marche, des grandes forces collectives en gestation. Flaubert n'est pas Hugo. « Ça ne prouve rien, ça ne dit rien, ce n'est ni historique, ni satirique, ni humoristique... », affirme-t-il aux Goncourt. Ce qui frappe au contraire c'est la répétitivité des scènes de batailles et de massacres. Comme si l'Histoire, la grande, dans laquelle toute la génération idéaliste de 1848 avait mis ses espoirs, bégayait. Comme si l'Histoire s'achevait sur une autodestruction des empires et des sociétés.

Si elle apparaît ainsi au premier plan de *Salammbô* c'est qu'elle est le vrai sujet du roman, non pas au sens où Flaubert aurait voulu écrire un roman historique, au reste il s'en défend, mais au sens où elle constitue le sujet en creux, absent du récit. Roman non historique par excellence, qui donne à voir l'impossibilité et le néant de toute historicité passée et à venir. «C'est une épopée», écrivait Gautier à propos de *Salammbô* mais une épopée qui ne montre plus un peuple en marche, mais le déchaînement de forces collectives irrationnelles (cupidité, vengeance, haine, amour) qui emportent les individus et les broient. Roman hystérique plus que roman historique, et qui culmine dans l'horreur du massacre des enfants (chapitre XIII). Mâtho devient, malgré lui, le chef des barbares, Hamilcar exterminera ceux-ci en dépit de ses convictions. L'individu est ici anéanti par le groupe : les vrais actants sont Carthage, dont Salammbô n'est que l'âme : «Salammbô resplendissante se confondait avec Tanit et semblait le génie même de Carthage, son âme corporifiée.» (chapitre XV), et l'armée des mercenaires.

Le paradoxe de l'espace

Curieusement, là encore, *Salammbô* est davantage le roman de l'espace que le roman du temps et de l'histoire. Ce qui frappe en effet, plus que l'enchaînement logique et chronologique des événements, c'est la succession dans l'espace. *Salammbô* emboîte moins des événements que des espaces. Si *Madame Bovary* était le roman du temps et de l'ennui, *Salammbô* est le roman de l'espace. Deux espaces s'affrontent, le désert et Carthage ; à l'un appartiennent Mâtho et ses barbares, à l'autre Salammbô. Le premier, ouvert, illimité, vague, brumeux, l'autre clos et bien délimité dans l'empilement de son architecture pyramidale. L'un horizontal, l'autre vertical. Et les personnages oscillent de l'un à l'autre dans une série de trajectoires répétitives : du dedans (chapitre I) les mercenaires passent au dehors (chapitre II), puis ils reviennent et assiègent Carthage (chapitre III), Mâtho et Spendius forceront la cité (chapitres IV et V) pour la quitter ensuite (chapitre V). Ils reviendront encore pour un nouveau siège vain (chapitres XII et XIII) puis s'éloigneront et, seul, vaincu, Mâtho rentrera dans Carthage pour y mourir (chapitre XV). De même Hamilcar multiplie les allées et venues entre le dedans et le dehors : passant du dehors au dedans au chapitre VII, il en ressort au suivant, puis il retourne à Carthage où il s'enferme (chapitre XII), la quittant à nouveau au chapitre XIV. le récit n'est ainsi qu'une monotone série de déplacements dont la circularité est la loi. Circularité inscrite symboliquement à plusieurs reprises dans la narration : le python qui se mort la queue, Tanit l'astre tutélaire, l'enceinte de Carthage.

Tout se passe comme si la linéarité chronologique se défaisait en circularité géographique. L'espace est ici l'emblème d'une historicité vouée à la répétitivité cyclique des événements, la vie historique engendrant la mort dans un gaspillage insensé... Répétitivité que souligne la structure de la narration. En effet, derrière la simplicité de la trame narrative, on retrouve la minutieuse architecture du roman flaubertien ; fait d'un jeu insistant d'échos, de parallélismes et d'inversions. À la fois sur le plan des situations des objets et des décors.

Ainsi, au festin des mercenaires vainqueurs du premier chapitre correspond le festin final qui célèbre l'extermination de ceux-ci. Au soleil couchant du début répond le soleil couchant de la fin. Alors que Salammbô offrait à Mâtho «dans une coupe d'or un long jet de vin» sous les yeux haineux de Narr'Havas, c'est celui-ci qui boit au génie de Carthage et Salammbô qui se lève «avec une coupe à la main». C'était elle qui, dans le premier chapitre, descendait l'escalier qui conduisait à Mâtho et aux mercenaires. C'est Mâtho à la fin qui monte jusqu'à elle : «il arriva juste au pied de la terrasse. Salammbô était penchée sur la balustrade». Inversant ainsi le geste naturel de ce même Mâtho, que sa taille gigantesque forçait à se pencher pour la regarder ; «Mâtho le Libyen se penchait vers elle...» Ce qui vaut pour ces deux épisodes vaut pour l'ensemble du récit. Au chapitre V qui voit Mâtho voler le zaïmph et pénétrer dans les appartements de Salammbô fait écho le chapitre XI dans lequel celle-ci s'introduit dans la tente de Mâtho et récupère le voile. Le premier siège de Carthage (chapitre IV) est repris (chapitre XII et XIII), la situation d'assiégés qui est celle des Carthaginois est inversée dans le chapitre XIV.

À ces effets de symétrie se superpose tout un jeu d'annonces : les lions crucifiés du chapitre II préfigurent le destin des mercenaires, eux-mêmes crucifiés au chapitre XIV. L'étreinte de Salammbô et du python (chapitre X) appelle l'étreinte de celle-ci et du Libyen (chapitre XI).

SIGNIFICATIONS ET SYMBOLES

Un récit onirique

Paradoxalement, la froideur impersonnelle de la reconstitution historique dissimule un récit très personnel dans lequel l'écrivain a exprimé avec une liberté bien plus grande que dans *Madame Bovary* ses obsessions les plus secrètes. L'exotisme spatio-temporel de *Salammbô* permettant de transgresser les limites étroites que lui imposait le cadre normand et contemporain du roman précédent. *Salammbô* en effet est d'abord une œuvre onirique qui s'alimente aux grands thèmes obsédants de l'imaginaire flaubertien... Personnages, situations et objets cristallisent les grands archétypes inconscients du romancier.

En effet, Mâtho c'est lui! Sa taille démesurée, ses moments de dépression, d'apathie brutale: «Mâtho se laissait gouverner par l'esclave – toujours irrésolu et dans une invincible torpeur», sa passivité foncière, sa disposition au rêve, à halluciner le réel: «Mâtho n'entendait pas; il la contemplait, et les vêtements pour lui se confondaient avec le corps» (chapitre XI) font de lui un double de Flaubert.

Salammbô de son côté est sœur d'Emma, proximité que souligne l'onomastique. Recluse comme elle, elle ne se satisfait pas de l'enseignement de Schahabarim et s'affranchit, par le rêve, des limites que lui impose sa condition. Salammbô est associée tout au long du livre aux lieux élevés (terrasse, escaliers, balustrades). Tenaillée par une vague d'ennui, une insatisfaction sourde, elle connaît les tourments du bovarysme. De là une double tentation: celle d'une dissolution de soi, qui permette au moi de briser les limites du corps: «Oh! je voudrais me perdre dans la brume des nuits, dans le flot des fontaines [...] sortir de mon corps...» (III); celle du désir sacrilège qui viendra combler la curiosité inassouvie et dont l'objet est ici le voile de Tanit.

La passion de la distance

Mais entre les deux personnages, comme dans *L'Éducation sentimentale*, la passion demeure impossible: Salammbô est interdite, séparée spatialement de son désir par les murailles, et interdite par la distance sociale: «Je voulais abattre ces murailles afin de parvenir jusqu'à toi pour te posséder» s'écrie Mâtho (XI). C'est que la passion flaubertienne est toujours impossible. Aussi se jouera-t-elle à distance, l'espace éloigne: horizontalement c'est le désert, verticalement c'est Carthage et ses hauts murs. Mais en même temps l'espace nourrit la passion, relance le désir: «Cependant la fille d'Hamilcar n'avait point de tendresse pour Narr'Havas. Le souvenir de Mâtho la gênait d'une façon intolérable.» «La loi de ces amours semble être de se rêver dans l'éloignement[1]», commente J. Rousset. Comme dans *L'Éducation sentimentale*, le désir ne s'accomplit jamais qu'à distance. Et la distance n'est jamais simplement obstacle mais (on le verra plus tard dans *L'Éducation*

---

1. *Art. Positions, distances, perspectives*, Points Seuil.

sentimentale) la condition du désir et de sa satisfaction. Comme dans cette dernière scène où Mâtho et Salammbô accomplissent à distance une sorte de «mariage mystique» (J. Rousset). La passion de l'âge classique était en proie au temps destructeur, la passion flaubertienne à l'espace.

Dévoration et destruction

De la même façon les grandes scènes du livre répètent les archétypes mentaux de Flaubert : on mange beaucoup dans *Salammbô*. Festin vorace du début, cannibalisme du défilé de la Hache, sacrifice à Moloch. Dévorer c'est détruire. Et les scènes de repas sont l'équivalent de la pulsion agressive qui parcourt le roman. Violence pointée d'ailleurs par Sainte-Beuve : «L'acharnement à peindre des horreurs mérite aussi d'être relevé[1]». Mais violence voulue par Flaubert : «J'éventre des hommes avec prodigalité. Je verse du sang, je fais du style cannibale[2]». Scènes de massacre, de mutilation se succèdent dans une gradation qui culmine avec le supplice de Mâtho : «Il n'avait plus, sauf les yeux, d'apparence humaine ; c'était une longue forme complètement rouge ; ses liens rompus pendaient le long de ses cuisses, mais on les distinguait par des tendons de ses poignets tout dénudés» (chapitre XV). Écriture de la cruauté bien avant Artaud. Le style est un scalpel et le roman s'achève sur la dissection de Mâtho : «J'ai envie de dissecter» écrit Flaubert.

Mais cette violence n'est pas gratuite, elle répond à une volonté profonde du héros flaubertien, celle de repousser les limites que la nature et la vie sociale assignent à l'individu. La destruction devient alors le seul moyen de nier la laideur et l'absurdité du réel. Elle est une déréalisation du monde, qui prend sur le mode actif le relais du rêve. De là cette obstination des personnages à détruire l'autre. Comme Spendius et ses engins délirants, mû par l'obsession unique de détruire Carthage : «Il cherchait à inventer des machines épouvantables et comme jamais on n'en avait construit (chapitre XIII). De là ce «vertige de destruction» qui se retourne aussi contre l'animal : massacre des poissons sacrés par les mercenaires («Ils s'amusèrent à regarder les beaux poissons se débattre dans l'eau bouillante», chapitre I), crucifixion des lions (chapitre II), etc.

---

1. 3e article, lundi 22 décembre 1862.
2. Lettre à Jules Sandeau, 1er octobre 1859.

Du côté d'Eros

Mais ce déchaînement revêt aussi une signification érotique. *Salammbô* est un rêve, sa précision archéologique exhume moins une civilisation que les couches les plus profondes du psychisme de son auteur. Du rêve, le livre emprunte le flou : «Qu'on me montre le coco qui serait capable de dessiner un fauteuil carthaginois ou le vêtement de Salammbô», déclare Flaubert, et la couleur : «Je veux faire quelque chose de pourpre». Sous le récit des sièges et des combats se donne à lire toute une rêverie érotique. Le désir de Mâtho de rentrer dans Carthage se confond avec son désir pour Salammbô : «Salammbô resplendissante se confondait avec Tanit et semblait le génie même de Carthage» (chapitre XV). «Je voulais abattre ses murailles afin de parvenir jusqu'à toi, pour te posséder» (chapitre XI). Les combats eux-mêmes, dans leur fureur, apparaissent comme un substitut de l'étreinte amoureuse. L'épisode de l'aqueduc, inventé par Flaubert, (chapitre IV) par lequel Spendius et Mâtho se glissent dans Carthage accomplit un fantasme de pénétration : atmosphère nocturne, étroitesse du conduit, présence féminine de l'eau, qui prélude à l'entrée dans le sanctuaire où repose le zaïmph qui recouvre la déesse mère. Le rapt du voile peut se lire dès lors comme un substitut de la défloration.

Voile contre lequel Salammbô, dans le chapitre XI, échangera sa virginité. «J'ai été le chercher pour toi dans les profondeurs du sanctuaire», lui dira alors Mâtho. Ce motif obsédant du voile dans le récit flaubertien, identifié de manière fétichiste au corps féminin, reviendra dans *L'Éducation sentimentale* sous la forme du châle (I,1) et de la voilette de Mme Arnoux (III, 6). Voile qui recouvre la féminité et l'interdit aux regards, voile dangereux associé à la mort puisque le voir ou le toucher entraîne vers la mort : «Sa vue seule était un crime : il était de la nature des dieux et son contact faisait mourir.» (chapitre V). *Salammbô* est ainsi le roman du désir, impossible, parce qu'interdit, dont Schahabarim, le prêtre eunuque, est l'emblème.

L'Éducation sentimentale

(deuxième version)

La genèse

L'Éducation sentimentale remonte aux écrits de jeunesse. D'abord aux *Mémoires d'un fou* (1838) et à *Novembre* (1842), qui mettaient déjà en scène la rencontre d'Élisa Schlésinger sur la plage de Trouville lors des vacances de 1836. Avec cette passion d'adolescent, au demeurant banale, se met en place une image de la féminité qui va hanter l'imaginaire flaubertien. Inlassablement reprise, des *Mémoires d'un fou* aux deux versions de *L'Éducation sentimentale*. Réapparaissant sous les traits de Mme Renaud dans celle de 1845 et de Mme Arnoux dans celle de 1869.

Au moment où il s'apprête à reprendre *L'Éducation sentimentale*, en 1863, Flaubert, qui vient d'achever *Salammbô*, hésitait encore entre une nouvelle *Tentation de saint Antoine* et le projet d'un roman de la bêtise humaine, le futur *Bouvard et Pécuchet*. Il opte finalement pour le premier projet. Une lettre du 6 octobre 1864, à Mlle Leroyer de Chantepie, éclaire la portée du livre : «Me voilà maintenant attelé depuis un mois à un roman de mœurs modernes qui se passera à Paris. Je veux faire l'histoire morale des hommes de ma génération, sentimentale serait plus vraie». Quoiqu'issu d'une expérience profondément personnelle, le récit se veut plus ambitieux, s'élargissant au roman de mœurs qui brossera, dans la durée (24 ans, de 1845, début du livre, à 1869, soit le même intervalle qui sépare la deuxième version de la première) la fresque d'une société.

Cette deuxième *Éducation sentimentale* est donc bien davantage qu'un simple remaniement de la première. Elle ne conservera de celle-ci que deux éléments : une situation clef, celle de la passion et de son échec pour une femme plus âgée et déjà mariée, et le couple masculin, Frédéric et Deslauriers, qui succède à Jules et Henry. Mais, en devenant chronique sociale, le récit soulevait une difficulté nouvelle : l'articulation des deux niveaux de la narration : celui du récit psychologique et celui du récit historique. «J'ai bien du mal à emboîter mes personnages dans les événements de 1848. J'ai peur que les fonds ne dévorent les premiers plans, c'est là le défaut du genre historique», écrit Flaubert le 14 mars 1868 dans une de ses lettres.

De là, une nouvelle fois, la lenteur de la conception de l'œuvre.

Commencée en septembre 1863, celle-ci est achevée le 16 mai 1869. Rien de spontané donc dans ce livre, pourtant directement issu du vécu le plus intime. Mais un effort d'exactitude historique à la hauteur de l'ambition toute balzacienne d'écrire le roman d'une époque. Effort pour lequel l'écrivain va s'imposer un épuisant labeur documentaire : il passe «une semaine entière à (se) trimballer à l'hôpital Sainte-Eugénie, pour étudier des enfants atteints de croup» (lettre du 14 mars 1868). Et ce pour une vingtaine de lignes à la fin du chapitre 4 de la troisième partie. De la même façon, pour une seule phrase qui rapporte le retour de Frédéric à Paris en juin 1848, il s'inquiète des horaires de diligence de la ligne Fontainebleau-Paris et fait recopier, par son ami Duplan, la page 1843 du bottin de 1848 concernant ce service de transport.

En août 1869, le manuscrit est cédé à l'éditeur Michel Lévy. L'édition originale, en deux volumes, paraît le 17 novembre 1869.

La publication

L'accueil de la presse est une cruelle déception. C'est un éreintement quasi général. Citons Barbey d'Aurevilly, auteur d'un réquisitoire virulent dans *Le Constitutionnel* du 19 novembre : «Le caractère principal du roman si malheureusement nommé *L'Éducation sentimentale* est avant tout la vulgarité, la vulgarité prise dans le ruisseau où elle se tient, et sous les pieds de tout le monde.» Seules exceptions notables, Victor Hugo et George Sand qui écrira dans *La Liberté* du 22 décembre : «Le scénario du roman, multiple comme la réalité vivante, se croise et s'entrelace avec un art remarquable.»

RÉSUMÉ

Première partie : le 15 décembre 1840, sur le bateau qui le ramène chez sa mère à Nogent-sur-Seine, Frédéric Moreau, jeune bachelier, rencontre Jacques Arnoux et son épouse Marie. Ébloui par celle-ci, il ne l'oubliera plus. À Nogent, il retrouve son ami Deslauriers qui rêve de réussir à Paris (chapitre 1, 2). Revenu dans la capitale pour y faire son droit, le jeune homme mène une vie morne et décevante. Malgré sa recommandation auprès de M. Dambreuse, industriel et député en vue, il ne parvient pas à s'élever dans la société. Sa grande passion pour Marie Arnoux s'étiole (chapitre 3).

Au cours d'une manifestation d'étudiants, en décembre 1841, il rencontre Dussardier, ouvrier idéaliste avec qui il se lie. Mais surtout, grâce à Hussonnet, un journaliste, il est introduit chez les Arnoux. Après bien des visites vaines à «l'Art industriel», le magasin de J. Arnoux, il est invité à dîner au domicile de celui-ci. Il retrouve alors Marie Arnoux. Le même jour, Deslauriers arrive à Paris (chapitre 4).

L'année 1842 s'avère décevante sur le plan sentimental. Il échoue à son examen de droit et passe seul les vacances à Paris. Reçu l'année suivante, une complicité s'établit entre lui et la jeune femme. Mais, coup de théâtre, il apprend qu'il est ruiné (chapitre 5). Renonçant à ses rêves, il retourne à Nogent où il passe deux années comme clerc. Il envisage d'épouser Louise Roque lorsque, le 12 décembre 1845, il hérite. Il peut donc à nouveau retourner à Paris (chapitre 6).

Deuxième partie : sa première visite est pour les Arnoux. La jeune femme a maintenant deux enfants. Déception. Par l'intermédiaire de J. Arnoux, il fait la connaissance de Rosanette (chapitre 1). Il retourne chez M. Dambreuse, dont l'épouse semble s'intéresser à lui (chapitre 2). Sa passion pour Marie Arnoux se ravive. Les difficultés financières de J. Arnoux lui offrent l'occasion de les aider et de se rapprocher de la jeune femme. Mais celle-ci décourage ses avances (chapitre 3). La liaison avec Rosanette s'avère tout aussi décevante. Trompé par celle-ci, Frédéric retourne à Nogent et pense épouser finalement Louise Roque (chapitre 4).

Le chapitre suivant est celui de la trahison de Deslauriers, qui tente de séduire Mme Arnoux. Frédéric retourne à Paris. Il parvient à obtenir d'elle un rendez-vous, le 22 février 1848. Coup de théâtre à nouveau. Marie ne vient pas. Au même moment l'insurrection éclate. Par dépit, il fait de Rosanette sa maîtresse dans la chambre préparée pour «l'autre».

Troisième partie : fuyant les débats grotesques du «Club de l'intelligence», les revirements politiques (M. Dambreuse est presque devenu socialiste), Frédéric se retire avec Rosanette à Fontainebleau. Quand il revient à Paris la révolution est finie. Il assiste à la répression (chapitre 1) et à la réconciliation des classes bourgeoises (chapitre 2). Devant la jalousie de Mme Arnoux qui lui reproche sa liaison avec Rosanette, il choisit de rompre avec celle-ci. Mme Dambreuse devient sa maîtresse (chapitre 3). Frédéric voit ouvertes les portes de la réussite. Malheureusement l'industriel meurt brusquement. Au même moment, Rosanette accouche et les Arnoux s'apprêtent à quitter la France (chapitre 4).

Leurs biens sont, sur les conseils de Deslauriers, mis aux enchères. Mme Dambreuse et Rosanette se disputent les objets de Marie Arnoux. Frédéric rompt avec elles. Son projet de mariage avec Louise Roque échoue : elle vient d'épouser Deslauriers (chapitre 5).

Frédéric quitte la France. Un soir de mars 1867, Mme Arnoux vient lui rendre une ultime visite. Mais il est trop tard, le temps a passé et la grande passion ne coïncide plus avec l'image d'autrefois (chapitre 6). Le dernier chapitre réunit Frédéric et Deslauriers, tous deux seuls (Louise s'est enfuie). C'est le temps du bilan désabusé, la récapitulation des échecs.

COMMENTAIRE

STRUCTURE ET ESTHÉTIQUE DU RÉCIT

Un récit sans histoire

L'Éducation sentimentale a déplu par sa modernité même. Et d'abord celle de sa construction. Là où Balzac construisait son récit à la manière d'un drame – préparation, crise, dénouement –, Flaubert juxtapose une série d'événements ou plutôt de non-événements, qui n'ont aucune répercussion notable sur le destin des personnages. La passion de Frédéric pour Marie Arnoux, qui pouvait fournir les bases d'une intrigue, n'assure même pas cette fonction. Nouée autour d'un éblouissement initial, le 15 septembre 1840, elle ne se développe jamais selon le mode conventionnel du récit psychologique. Traversée d'oublis (I, 1 ; III, 1), faite d'attentes (I, 3, 4), de déceptions successives (II, 1 ; III, 5), de malentendus (III, 2, 3), d'absences (I, 5 ; III, 1, 5), émaillée de rendez-vous ratés (II, 6), elle demeure inaboutie.

En dissolvant l'armature dramatique qui supportait le roman traditionnel, Flaubert inaugure ce que sera le roman moderne : récit où il ne se passe rien, où la vie des personnages se défait dans une suite d'instants fragmentés et insignifiants. *L'Éducation sentimentale* est un anti-roman. C'est ce qu'admirait Zola dans *Le Messager de l'Europe* (novembre 1875) : « M. G. Flaubert refusait toute affabulation romanesque et centrale. Il voulait la vie au jour le jour telle qu'elle se présente [...] l'apparent décousu des faits, le train-train ordinaire des événements, les personnages se rencontrant, puis se perdant et se rencontrant à nouveau.»

Une architecture dissymétrique

La composition elle-même reflète cette fragmentation de l'intrigue romanesque. Derrière le découpage, apparemment très équilibré, de celle-ci en trois parties, se dissimule une dissymétrie permanente, tant sur le plan du nombre respectif des chapitres que dans la répartition de la pagination et la durée couverte par chaque partie, comme le font apparaître les deux tableaux suivants :

Tableau 1 : La dissymétrie des parties[1]

Parties	Chapitres	Pages	Durée
1	6	107	5 ans
2	6	199	2 ans
3	7	165	20 ans

Tableau 2 : La dissymétrie des chapitres[1]

Chapitres	1re partie nbre de pages	2e partie nbre de pages	3e partie nbre de pages
1	11	30	59
2	7	44	15
3	9	35	20
4	26	46	35
5	43	11	16
6	11	33	6
7			5

Or la longueur n'est pas liée à l'importance des événements rapportés. Paradoxalement, ce sont les chapitres les plus courts qui sont les plus décisifs dans l'évolution de l'intrigue (I, 1 et 6; II, 5; III, 6 et 7). Inversement, les chapitres les plus longs sont ceux où la passion s'enlise, n'entraînant

---

1. Édition de poche.

rien de déterminant dans la vie de Frédéric. Le premier chapitre de la troisième partie, qui retrace les journées de février-juin 1848, est à cet égard révélateur. C'est le plus copieux du livre, le plus fertile en scènes collectives et en événements historiques, mais en même temps il est celui qui modifie le moins la vie de Frédéric. Ce dernier d'abord témoin, puis acteur modeste tenté par la politique, finit par s'absenter de l'événement, en se réfugiant à Fontainebleau avec Rosanette. Soulignant ainsi le décalage entre l'histoire collective et l'histoire personnelle. À ces disparités dans le découpage s'ajoute une technique narrative qui repose, selon l'expression de Roland Barthes sur «une asyndète généralisée».

Trous, qui creusent le récit et donnent le sentiment d'un temps perdu. Comme le célèbre blanc de quinze années qui sépare le 5e et le 6e chapitre de la deuxième partie, et dont Proust disait qu'il était «la chose la plus belle de *L'Éducation sentimentale*». Raccourcis qui résument en quelques pages rapides des années (I, 6); paragraphes brefs, clos sur eux-mêmes, unis par une simple parataxe, phrases détachées («il tomba sur le dos, les bras en croix», III, 5; «Et ce fut tout», III, 6...) qui ôtent toute continuité et cohérence à une histoire dans laquelle, chez Balzac ou Stendhal, les personnages avaient encore une place et un rôle. La dissymétrie de la construction romanesque ne faisant ainsi que souligner un temps historique définitivement disloqué.

De la même façon, Flaubert recourt fréquemment au coup de théâtre, à la coïncidence fortuite. I, 3 : Frédéric retrouve par hasard le magasin des Arnoux; I, 5 : au moment où sa passion semble progresser, il apprend qu'il est ruiné; I, 6 : la nouvelle de l'héritage l'arrache à la vie provinciale et au mariage avec Louise Roque, etc. Hasard ironique qui reflète l'incohérence qui préside aux destins individuels.

L'ordre du désordre

Pourtant *L'Éducation sentimentale* n'est pas, comme le déclarait E. Scherer «ce livre (qui) impatiente parce qu'il est mal composé» (*Un roman de M. Flaubert*, Études sur la littérature contemporaine, 1873).

C'est la nouveauté de la construction narrative qui frappe au contraire en inaugurant une façon de raconter qui inspirera le roman du XXe siècle. Ce qui est perdu en cohérence fictionnelle est regagné en rigueur narrative.

Flaubert multiplie les correspondances d'un chapitre à l'autre : au retour à Nogent, rythmé par la lenteur du bateau (I, 1), fait écho l'interminable retour en diligence à Paris (II, 1). Au retour en arrière (I, 2) dans l'amitié de

Frédéric et Deslauriers, correspond le dernier chapitre qui s'achève sur une plongée dans le passé des deux personnages. La rencontre de Marie Arnoux sur la « Ville de Montereau », qui donne naissance à la passion est répétée, mais sous la forme de la désillusion, en III, 6. Entre ces quatre chapitres, on observe d'ailleurs un chiasme qui souligne la rigueur de la construction flaubertienne : le premier chapitre est repris dans l'avant-dernier et le deuxième dans le dernier. De même, chaque chapitre joue sur ces effets de parallélismes : entre les lieux (Paris-Nogent), les intérieurs (chez les Arnoux, chez les Dambreuse) et les femmes. Ainsi le deuxième chapitre de la deuxième partie, qui oppose deux portraits de Mme Dambreuse (« en robe de moire grise ») et de Rosanette (« en peignoir de mousseline blanche »). Ou encore, en II, 5, la symétrie instaurée entre la scène Deslauriers/Marie Arnoux au cours de laquelle celui-ci tente de la séduire et la scène, à Nogent, entre Frédéric et Louise Roque qui lui demande : « Veux-tu être mon mari ? »

Toujours la musique

La technique utilisée est de nouveau celle, musicale, du contrepoint. Mais à chaque fois, Flaubert introduit un décalage, une dissymétrie ironique, qui souligne le divorce entre les attentes des personnages et les situations vécues. Comme dans le dernier chapitre de la deuxième partie, où Frédéric rate un double rendez-vous avec l'Histoire et avec Marie ; en même temps que celle-ci ne se rend pas rue Tronchet pour rester au chevet de son fils.

Derrière l'apparent décousu se dissimule une composition rigoureuse, qui obéit moins à une progression dramatique qu'à une logique musicale. Les événements et les situations prenant leur sens et leur relief, non plus de leur place dans une succession linéaire de type causal – c'est le récit balzacien ou stendhalien – mais de leurs rapports avec d'autres, dont ils sont disjoints, et avec lesquels ils entrent en résonance : allers et retours entre Paris et Nogent ; chassés-croisés Deslauriers/Frédéric, échangeant leurs positions dans l'espace (Frédéric est à Paris quand Deslauriers végète en province, puis Deslauriers reste à Paris quand Frédéric retourne à Nogent). Répétition des événements historiques qui inversent la place respective des personnages : arrêté en novembre 1841, Dussardier devient garde national en juin 1848 et est abattu en décembre 1851. Symétries des dîners (chez les Arnoux, chez les Dambreuse). Mort de l'enfant de Rosanette qui renvoie à la maladie du fils de

Marie. Retour en voiture de Saint-Cloud (I, 5), occasion d'une complicité intense entre Frédéric et Mme Arnoux et qui aura son écho dans les promenades en calèche, dans la forêt, avec Rosanette, en III, 1.

L'odyssée d'une conscience

C'est que la véritable unité est ailleurs que dans l'architecture apparente : dans la conscience de Frédéric Moreau, présent tout au long du roman et à travers le regard duquel les événements sont perçus. Flaubert systématise, avant Proust, Joyce ou Virginia Woolf, l'emploi de la focalisation interne. Mêlant la description à la troisième personne et la perception subjective, introduisant le style indirect libre dans la relation des événements.

Du même coup, la réalité est constamment déformée, comme déréalisée par une conscience qui ne cesse de lui superposer ses attentes, ses rêves, ses émotions. Les ellipses, les juxtapositions soudaines qui télescopent les êtres, les lieux, les événements ne font que traduire la vision fragmentaire, évanescente, fluctuante qui est celle du héros. Elle révèle en même temps la personnalité profonde de celui-ci, ses atermoiements, ses hésitations incessantes (entre les quatre femmes qui l'attirent, entre sa passion et l'histoire, entre Nogent et Paris), son incapacité à choisir.

Alors que la conscience stendhalienne était rassemblée dans un projet, aimantée par une volonté, cristallisée par une énergie passionnée, la conscience flaubertienne se dissout dans une succession discontinue de sentiments contradictoires. Le héros balzacien ou stendhalien agit, le héros chez Flaubert subit.

Un impressionnisme littéraire

L'Éducation sentimentale obéit à une esthétique impressionniste, juxtaposant des états de conscience plus que des événements. Éblouissement («ce fut comme une apparition»), hallucinations mentales («avec la netteté d'une hallucination, il s'aperçut auprès d'elle...» I, 6), superpositions visuelles : «la fréquentation de ces deux femmes faisait dans sa vie comme deux musiques [...] car si Mme Arnoux venait à l'effleurer du doigt seulement, l'image de l'autre, tout de suite se présentait à son désir [...] et, dans la compagnie de Rosanette quand il lui arrivait d'avoir le cœur ému, il se rappelait immédiatement son grand amour. »

SENS DE L'ŒUVRE ET DE L'HISTOIRE

Cet obscur objet du désir

L'Éducation sentimentale est le roman d'un désir inassouvi parce qu'au fond impossible. La rencontre de Marie Arnoux va transformer la vie de Frédéric qui sera désormais hanté, comme l'a été Flaubert par le «cher fantôme de Trouville», par le visage de la jeune femme. Désir vague et obscur, médiatisé par les objets et les rêves auxquels il est associé. Désir trop vaste, «curiosité sans limites» (I, 1), qui ne peut trouver à se satisfaire dans la réalité, et dans lequel la sexualité est reléguée au second plan : «et le désir de la possession physique même disparaissait sous une envie plus profonde... » (I, 1).

Dès lors commence une étrange relation, traversée d'impulsions intenses, d'oublis, d'absences, de demi-aveux, de contacts furtifs. Long chassé-croisé dans l'espace qui les rapproche (bateau, diligence, appartement) et les sépare tour à tour (aller et retour entre Paris et Nogent, séjour de Marie à Chartres) et dans le temps (deux ans à la fin de la première partie, seize ans entre le cinquième et le sixième chapitre de la troisième partie). Relation obsessionnelle et fétichiste par son attachement aux vêtements et aux objets («il souhaitait connaître les meubles de sa chambre, toutes les robes qu'elle avait portées»), que viennent croiser trois autres figures de femme : Rosanette, la lorette sensuelle avec laquelle Frédéric connaît les plaisirs de la chair, Mme Dambreuse, la mondaine trop froide et Louise Roque, la femme-enfant.

Si Frédéric possède physiquement les deux premières, c'est à chaque fois par procuration. Il devient l'amant de Rosanette dans l'appartement préparé pour Marie Arnoux; il devient celui de Mme Dambreuse, en la séduisant avec les mots qu'il avait destinés à une autre : «il se servit du vieil amour. Il lui conta, comme inspiré par elle, tout ce que Mme Arnoux lui avait fait pressentir».

Tout se passe comme si, dès qu'il était obtenu, l'objet de la passion décevait. La liaison avec Rosanette s'enlise dans la monotonie conjugale (III, 4), celle avec Mme Dambreuse s'avère vite décevante (III, 4) et Frédéric est contraint de feindre un désir qui s'effrite. Égoïste (son attitude lors de la mort de son enfant), infidèle, passant d'une femme à l'autre, allant jusqu'à envisager de se marier avec Louise Roque (III, 5), il tente en vain de combler l'insatisfaction d'un désir impossible. *L'Éducation sentimentale* verse dans la confusion sentimentale. En outre le personnage est mû par des sentiments contradictoires d'attirance et de répulsion envers la femme. Fantasmes suscités par Rosanette ou Mme Dambreuse alternent avec le dégoût pour celle-là lorsqu'elle est enceinte. Et lorsque Louise s'offre à lui (II, 5), il éprouve un frisson d'effroi : «devant cette vierge qui s'offrait, une peur l'avait saisi».

Ainsi le désir ne survit-il que d'être inassouvi, et Mme Arnoux est d'autant plus désirable qu'elle est lointaine et idéalisée par la séparation. Que la distance s'annule, alors surgit le déception. Serrant Marie entre ses bras, «il sentait quelque chose d'inexprimable, une répulsion et comme l'effroi d'un inceste. Une autre crainte l'arrêta, celle d'en avoir dégoût plus tard.» Peur obscure de la féminité, qui arrête Frédéric en permanence au bord de son désir, devant la vierge (Louise) comme devant la mère (Mme Arnoux).

Phrase clef qui nous livre soudain le véritable objet inaccessible et interdit du désir : la figure maternelle qui hante l'eros flaubertien, comme elle a dominé la vie de l'écrivain. Figure qui rôde tout au long du récit, se dédoublant sous les traits de Mme Moreau et de Marie. Désir qui ne parvient jamais à son objet, parce que celui-ci lui est dérobé à jamais, et dont le coffret, qui passe de mains en mains, de Marie à Rosanette puis à Marie à nouveau et enfin à Mme Dambreuse, est l'emblème. Comme le note J.-P. Richard, « il figure admirablement cette part interdite, ce trésor que nul n'est jamais admis à contempler au grand jour[1] ». Bijou discret, avec ses «fermoirs d'argent» et qui est au cœur du livre comme il est au cœur du désir de Frédéric.

Le roman de l'échec sentimental et social

L'Éducation sentimentale est le livre du désenchantement, le récit d'un quadruple échec. Amoureux d'abord. La relation avec Rosanette et Mme Dambreuse n'est qu'une comédie, qui ne parvient jamais à faire oublier la seule vraie passion de Frédéric. Quant à celle-ci, elle avorte par une sorte de passivité faite de timidité, d'instabilité, d'obscur pressentiment de l'échec. Les rencontres avec Mme Arnoux sont toujours le fait du hasard et jamais de la propre initiative de Frédéric. C'est Hussonnet qui l'introduit à «l'Art industriel»; c'est une invitation inattendue à dîner qui le met pour la deuxième fois en présence de Marie (I, 4). C'est le hasard encore qui fait échouer le rendez-vous de la rue Tronchet. Le héros, en effet, rêve sa passion au lieu de la vivre : «il espérait que grâce à la pluie ou au soleil, il pourrait la faire s'arrêter sous une porte, et qu'une fois sous la porte, elle entre-

---

1. *Littérature et sensation*, Le Seuil.

rait dans la maison». Aussi le roman est-il celui d'un amour inassouvi, d'une possession toujours différée et jamais obtenue.

Échec social aussi que celui de Frédéric. Avec Deslauriers c'est un provincial qui a rêvé de réussir (I, 2). Mais il ne profite pas de l'appui de M. Dambreuse, ne répondant pas à son offre de le faire entrer au Conseil d'État. Et lorsque sa liaison avec Mme Dambreuse lui ouvre de nouvelles perspectives d'ascension sociale, la mort de son protecteur fait avorter le projet. Il finira à moitié ruiné, «ayant mangé les deux tiers de sa fortune, il vivait en petit bourgeois» (III, 7). Mais jamais il ne force la chance; jamais ici de «à nous deux maintenant» lancé comme un défi à Paris, du haut d'un quelconque Père-Lachaise. L'enterrement de M. Dambreuse est d'ailleurs un clin d'œil à celui du Père Goriot de Balzac «Frédéric put admirer le paysage pendant qu'on prononçait les discours», écrit Flaubert. Le héros de *L'Éducation sentimentale* est bien un anti-Rastignac.

À l'échec social s'ajoute l'échec littéraire. Frédéric a lu *Werther* et *René*, il écrit des vers, il commence une *Histoire de la Renaissance*, mais il suffit d'une visite à Mme Arnoux pour qu'elle ne voit jamais le jour. Pareillement, ses velléités de devenir peintre, nées de sa fréquentation de Pellerin, le peintre de «l'Art industriel», tournent court. C'est que, comme plus tard le Swann de *La Recherche du temps perdu*, il confond la vocation artistique et la vie : «Il se décida pour la peinture, car les exigences de ce métier le rapprocheraient de Mme Arnoux. Il avait donc trouvé sa vocation!» conclut ironiquement Flaubert. Il croit parvenir à l'art sans la patience, le travail acharné, le sacrifice héroïque de soi qu'exige toute création.

L'échec historique

Frédéric a le même âge à la fin du récit que Flaubert quand il achève *L'Éducation sentimentale* : 47 ans. Il appartient à la même génération, celle qui, nourrie de romantisme, s'est lancée pleine d'illusions à la rencontre de la vie, mais s'est brisée sur une réalité qui ne correspondait pas à ses rêves. Le dernier chapitre dresse le bilan désenchanté de cet échec qu'incarnent Frédéric et Deslauriers : «Et ils résumèrent leur vie. Ils l'avaient manquée tous les deux, celui qui avait rêvé l'amour, celui qui avait rêvé le pouvoir.» Derrière eux se profile toute une génération qui a vu ses rêves brisés par les désillusions de la révolution de 1848. «Nous allons vivre ensemble la plus sublime des poésies», déclarait Lamartine, membre du gouvernement provisoire. Mais la poésie s'achève en massacre sous les coups de fusil du père Roque (III, 1).

Et le rendez-vous manqué de la rue Tronchet, le 22 février 1848, est en même temps un rendez-vous raté avec l'Histoire[1]. Analogie profonde entre la trahison de Frédéric, qui renonce à sa grande passion pour un succédané facile (Rosanette) et son renoncement politique, qui va faire de lui un témoin passif et, indirectement, complice de l'écrasement des idéaux de 1848. De même, il assistera, impuissant, à la vente des biens des Arnoux avec Mme Dambreuse, sa maîtresse. Comme il assistera sans réagir au coup d'État de décembre, le lendemain de la vente.

On le voit, passion amoureuse et événements politiques sont étroitement liés. L'idéalisation de Marie Arnoux coïncide avec les rêves et les espoirs d'une génération ; la trahison amoureuse correspond au gâchis d'une révolution ratée ; enfin, la vente du mobilier des Arnoux marque la liquidation définitive de la passion et des espérances romantiques. Mme Dambreuse rachetant aux enchères le coffret de Marie incarne le triomphe de l'affairisme et de l'ordre qu'instaure, le lendemain de la vente, le coup d'État de 1851.

Vers un nihilisme historique ?

On retrouve dans *L'Éducation sentimentale* le pessimisme historique déjà exprimé dans *Salammbô*. Mais on est loin des scènes de massacre de celui-ci. Si la violence est présente (III, 1 ou III, 5), elle n'apparaît plus comme la manifestation essentielle de l'Histoire. Réfractée à travers la conscience des personnages, vécue surtout à travers les réactions de Frédéric, elle perd toute unité et toute cohérence.

Ainsi, éparpillée en une suite d'impressions contradictoires (III, 1), la révolution de 1848 laisse un sentiment de confusion et d'incohérence. Frédéric dans le Paris révolutionnaire de février/juin, c'est Fabrice à Waterloo, dans *La Chartreuse de Parme*, tous deux témoins de la fin d'un monde.

Surgissant de surcroît inopinément dans le destin du héros (I, 3 ; II, 6 ; III, 5), l'Histoire paraît incompréhensible, fortuite, à la façon d'un coup de théâtre. Devenue extérieure à la conscience des personnages, qui la font moins qu'ils ne la subissent : «Ils accusèrent le hasard, les circonstances, l'époque où ils étaient nés», écrit Flaubert dans le dernier chapitre. Ballotés par les événements ils adoptent des attitudes contradictoires, qui soulignent l'absence de signification des événements. Ainsi Dussardier et Sénécal échangent-ils leur place de 1848 à 1851. Garde national, Dussar-

---

1. La majuscule désignera ici la réalité historique.

dier écrase le soulèvement auquel s'est joint Sénécal. Républicain hostile au coup d'État, il est abattu par ce dernier, trois ans plus tard.

Heurt d'intérêts contradictoires, démenti permanent de tout progrès, procédant par brusques convulsions de haine et de peur, telle est la vision flaubertienne de l'Histoire. Socialistes sectaires du Club de l'intelligence (III, 1) et réactionnaires peureux sont renvoyés dos à dos (III, 2). Traduisant dans la matière romanesque l'attitude constante de l'écrivain fondée sur le refus de tout engagement : « j'ai assisté en spectateur, à presque toutes les émeutes de mon temps », déclarera-t-il dans une lettre du 30 mars 1857.

Malgré ce qui le rattache au roman historique, dont Flaubert fut un grand admirateur (W. Scott, Balzac, Dumas, Hugo), *L'Éducation sentimentale* est donc un anti-roman historique. Alors que celui-ci mettait en scène des forces collectives antagonistes, un devenir pourvu d'un sens, le roman flaubertien montre une Histoire décousue, fragmentée, dont le sens échappe aux acteurs eux-mêmes. Elle correspond, comme l'a montré G. Lukacs, à une mutation de la conception de l'histoire après 1848. Devenue opaque, n'obéissant plus à une évolution nettement discernable, elle devient une histoire immobile, ressassant un éternel présent : « C'est à l'absence totale de toute réalisation d'un sens que Flaubert réussit à donner forme[1] ».

Le roman historique liait de façon organique histoire personnelle et histoire collective, personnage et groupe : *L'Éducation sentimentale* scelle la scission de l'intériorité et du réel et l'avènement de la subjectivité comme matière du récit romanesque.

L'Histoire est un roman

Tel est le sens du dernier chapitre. Dans un monde sans avenir, enlisé dans la répétition d'un présent monotone, il ne reste plus qu'à se souvenir. Alors Frédéric et Deslauriers effectuent un vaste retour en arrière de trente années, rejoignant le chapitre deux du début du livre, à cette année 1837 marquée par l'épisode du bordel. Le roman s'achève sur l'introspection et la rétrospection, finissant là où tout avait commencé. Récit cyclique qui se clôt sur une recherche du temps perdu.

Mais, alors que chez Proust la récupération du passé donnera lieu à une œuvre d'art, chez Flaubert elle ne débouche sur rien. Rien qu'une incertitude et une conclusion dérisoire : « c'est là ce que nous avons eu de meilleur ! » dit Deslauriers.

---

1. *La Théorie du roman* Éd. Gonthier Médiations, p. 125.

Au fond tout se passe comme si le lecteur quittait les personnages dans ce «huis-clos» de la mémoire, découvrant ultimement que l'avenir dont ils rêvaient n'était, et n'avait jamais été, devant eux mais derrière, déjà passé, préfiguration, à travers cette initiation manquée, des échecs à venir.

Cet ultime retour bavard sur le passé est pourtant comme la métaphore du livre lui-même : puisque l'Histoire n'a débouché sur rien, il ne reste plus qu'à la dire, à en faire une histoire c'est-à-dire la matière d'un roman. Seul capable de donner un sens et une forme – la beauté – à ce qui n'en a pas. Et par là Flaubert réalisait cet idéal résumé dans une lettre à Louise Colet : «ce que je voudrais faire, c'est un livre sur rien [...] qui se tiendrait de lui-même par la force interne de son style». Comme s'il ne nous restait que l'art pour ne pas mourir, non de la vérité comme le proclamait Nietzsche, mais de l'Histoire.

Bouvard et Pécuchet

La genèse

Faire la genèse de *Bouvard et Pécuchet*, c'est remonter loin à la fois dans le passé et l'œuvre de l'auteur. Remonter sans doute jusqu'à la figure du «garçon», élaborée dès l'adolescence et incarnation de la bêtise. Avec une *Leçon d'histoire naturelle, genre commis* (1837) se met en place le personnage de l'employé de bureau, dont les deux personnages seront la réplique. L'idée germe aussi en marge du *Dictionnaire des idées reçues*, dont le projet date de 1850.

À ces sources internes à l'œuvre flaubertienne, il faut ajouter sans doute la lecture d'une nouvelle, *Les deux greffiers* de B. Maurice, parue dans *La Gazette des tribunaux* du 14 avril 1841 puis republiée dans *L'Audience* du 7 février 1858. Si celle-ci va fournir au romancier un scénario, l'essentiel est déjà en place depuis longtemps et la lecture de la nouvelle va cristalliser, comme le tableau de Breughel l'avait fait pour *La Tentation de saint Antoine*, une situation et des personnages inscrits au plus profond de l'expérience personnelle. Au reste, Flaubert donne à ses héros lorsqu'ils se retirent à la campagne, le même âge que le sien lorsqu'il commence à raconter leur histoire : 53 ans.

La publication

Inachevé, le roman compte dix chapitres de ce qui n'était aux yeux de leur auteur que la première partie d'un récit qui devait en comporter deux. L'écrivain escomptait encore six mois avant de finir ce qu'il appelait «l'infernal bouquin». De cette deuxième partie nous savons peu de choses, si ce n'est que Flaubert la disait «faite aux trois quarts», puisque «presque entièrement composée de citations». Faut-il voir alors dans le *Dictionnaire des idées reçues* ce second volume, comme le propose par exemple A. Thibaudet ? Ou bien, comme le montre de façon très convaincante R. Descharmes, voir dans *L'Album*, sottisier retrouvé dans les manuscrits du romancier, la matière de ce deuxième volet.

Quoi qu'il en soit, l'ouvrage paraît d'abord dans la *Nouvelle revue*, du 15 décembre 1880 au 1er mars 1881 sous forme d'extraits. En mars 1881 elle paraît intégralement chez Lemerre. L'accueil de la critique fut très contrasté. Porté aux nues par Rémy de Gourmont («c'est peut-être le livre par excellence, le livre pour les forts, car il contient bien de l'amertume, et son goût de néant porte au cœur»), l'ouvrage subit un éreintement en règle de la critique. La revanche posthume de Flaubert fut tardive mais éclatante. *Bouvard et Pécuchet* a en effet été considéré par la critique contemporaine comme une œuvre décisive, énigmatique mais annonciatrice déjà du roman moderne. Témoin ce jugement de R. Queneau, pour qui il s'agit là d'«une des œuvres maîtresses de la littérature occidentale».

RÉSUMÉ

Au commencement il y a la rencontre sur un banc parisien de deux employés de bureau, l'un veuf : Bouvard, l'autre célibataire : Pécuchet. C'est un coup de foudre qui scelle une amitié durable. Un héritage important vient les arracher à leur vie monotone de bureaucrates : ils décident alors de se retirer en Normandie et de mener une vie de rentiers (chapitre I). Dès lors l'action se déroule dans un espace restreint, la propriété de Chavignolles, du 20 mars 1841, date à laquelle les deux compères quittent Paris pour la campagne, jusque sous le second Empire.

Le chapitre II décrit l'installation et l'échec des tentatives agricoles des deux amis. Un repas permet de présenter la société de Chavignolles : Vaucorbeil le docteur, Foureau le maire, l'abbé Jeufroy, Mme Bordin et Marescot le notaire, le comte de Faverges. Les trois chapitres suivants sont consacrés aux recherches encyclopédiques de Bouvard et Pécuchet : ils passent successivement en revue les différentes sciences (anatomie, physiologie et sciences naturelles dans le chapitre II) puis l'archéologie et l'histoire (chapitre IV) et enfin la littérature (chapitre V). C'est à chaque fois un échec : soit les sciences ne répondent pas à leurs interrogations, soit elles rencontrent l'indifférence bornée de la société de Chavignolles. Plus animé, parce que plus événementiel, le chapitre VI relate les événements de février 1848 jusqu'au coup d'État de décembre 1851, tels qu'ils sont vécus depuis la province.

Le chapitre suivant (chapitre VII) conte en parallèle l'échec des amours de Bouvard et de Pécuchet. Le premier rompt avec la veuve Bordin, le deuxième avec la servante Mélie qui lui a fait découvrir l'amour mais lui transmet une maladie vénérienne. Dès lors, tous deux reprennent leur quête encyclopédique. Découvrant les vertus de la gymnastique puis celles du spiritisme, leur parcours s'achève avec la philosophie, occasion d'une incertitude nouvelle. Ils se tournent alors vers la religion. Le neuvième chapitre est centré sur la conversion mystique des deux rentiers puis sur le rejet de la religion, au cours de nombreux dialogues opposant Bouvard devenu positiviste et l'abbé Jeufroy. Leur opposition au catholicisme les coupe de la bourgeoisie de Chavignolles.

Déçus par la religion, ils tentent alors d'éduquer Victor et Victorine, les deux enfants d'un forçat. C'est l'occasion d'une revue des différentes théories pédagogiques et la dénonciation de leur échec. Le récit s'achève au moment où ils décident de se consacrer à l'éducation des adultes.

COMMENTAIRE

Un roman dans le roman

Bouvard et Pécuchet est un roman dans le roman. La première partie, inachevée, devait aboutir à la décision d'écrire, le romancier s'effaçant devant ses personnages : « Copier comme autrefois. Confection du bureau à double pupitre [...]. Achat de livre et d'ustensiles, sandaraque*, grattoirs, etc. Ils s'y mettent», dit le plan laissé par Flaubert. Ce dernier mettant en scène sa propre disparition, relayé par ses doubles caricaturaux, simples porte-plume, qui vont fixer sur le papier, non leur pensée propre mais les idées des autres, toute cette pensée morte qui circule dans l'épaisseur du social. Roman qui s'achève sur sa propre négation, dissolvant l'intrigue et les personnages au profit d'une juxtaposition de citations et d'emprunts sur le modèle anti-romanesque par excellence du *Dictionnaire des idées reçues*. Ainsi disparus, l'auteur et les personnages cèdent la place à un langage mécanique qui fonctionne à vide, en deçà de toute subjectivité et de tout style.

Tout se passe comme si Flaubert, en ces dernières années de tracas financiers, de maladie et d'interrogations sur son œuvre, en venait à douter de lui-même et de sa capacité à créer : «je n'attends plus rien de la vie qu'une suite de feuilles de papier à barbouiller de noir» avoue-t-il dans sa Correspondance.

Et une autre fois il confie à Tourgueniev : «il me semble par moments que je deviens idiot [...] c'est de la conception même du livre dont je suis inquiet». Ne se sent-il pas alors très proche de ses héros, rivé à l'écritoire de Croisset, lecteur boulimique, envahi par une documentation qui tend à prendre le pas sur la création ? «Savez-vous à combien se montent les volumes qu'il m'a fallu absorber pour mes deux bonshommes ? À plus de 1 500. Mon dossier de notes a plus de 8 pouces d'épaisseur» déclare-t-il à Mme Roger des Genettes. Doubles de l'écrivain, ils se font copistes, ils sont en même temps la tentation contre laquelle la création littéraire doit s'affirmer pour être autre chose qu'une simple duplication de la vie. Ce qu'il faut exorciser au moment même où le romancier n'en finit plus avec son livre.

Cette tension entre l'écriture-création et la réécriture-copie est au cœur de l'ouvrage. *Bouvard et Pécuchet* est en effet un livre sur les livres ou encore le livre des livres. Plus le récit avance, plus les livres se font envahissants. Alors que le premier chapitre et le début du deuxième présentent d'une façon très romanesque les lieux, les personnages, et leurs premiers essais infructueux, peu à peu les références livresques font leur apparition et prolifèrent, gagnant les pensées, le corps, les comportements des personnages qui ne font que reproduire leurs lectures : «Quelquefois Pécuchet tirait de sa poche son manuel et il en étudiait un paragraphe, debout, avec sa bêche auprès de lui, dans la pose du jardinier qui décorait le frontispice du livre» (chapitre 2). Les dialogues eux-mêmes ne sont plus que l'écho mécanique des lectures, véritable collage de citations, comme le dialogue entre Pécuchet et le curé Jeufroy au chapitre VIII. Vidés de l'épaisseur psychologique inhérente aux héros du roman, les personnages ne sont plus que les porte-voix de savoirs qui s'élaborent en dehors d'eux. Perroquets et copistes.

Un roman d'idées

Bouvard et Pécuchet est d'abord un roman d'idées dans lequel la psychologie des personnages et l'intrigue occupent une place mineure : «Ceux qui lisent un livre pour savoir si la baronne épousera le vicomte seront dupés», écrit Flaubert. Il ne se passe rien dans *Bouvard et Pécuchet*, dont le récit est fragmenté en une série de petits événements dérisoires qui ne modifient pas le destin des héros. Pourtant, derrière la succession monotone des lubies et des échecs des deux personnages, il y a une unité. Celle d'une quête encyclopédique de la connaissance. Le roman est une traversée des savoirs d'une époque : celle du positivisme* de la fin du XIXe siècle. Bouvard et Pécuchet passent successivement en revue les sciences appliquées (agriculture, arboriculture, jardinage), les sciences expérimentales (chimie, anatomie, physiologie, géologie), historiques (archéologie, histoire) enfin spéculatives (philosophie, religion). Flaubert rédige une parodie de l'encyclopédie de Diderot. Mais tandis que celle-ci était porteuse d'une foi dans le progrès, dans la science, celle-là débouche sur une faillite des savoirs. L'échec des personnages n'est pas seulement dû à leur bêtise, il renvoie à une crise intellectuelle et morale caractéristique de la période où écrit Flaubert.

Le livre dresse en effet le constat d'échec du positivisme régnant qui, en pulvérisant la réalité en «faits», en inventoriant, en classifiant, en spécialisant, a dissous toute unité du réel. De là, la lassitude des deux héros renvoyés sans cesse d'un savoir à un autre : «La géologie est trop défectueuse» (chapitre III), «et tous deux s'avouèrent qu'ils étaient las des philosophes. Tant de systèmes vous embrouillent.» (chapitre VIII). *Bouvard et Pécuchet* est ainsi le récit de l'impossible synthèse du savoir, de la recherche vaine d'un sens à l'existence dans une société décevante. En même temps qu'ils traversent les savoirs, les «deux idiots[1]» en sapent les fondements, en exhibant leurs réponses disparates et contradictoires. Flaubert a écrit là une anti «phénoménologie de l'esprit», ruinant le rêve

---

1. Expression de Flaubert lui-même.

hégélien du savoir absolu. Comme Giacomo, le libraire maniaque de *Bibliomanie*, Bouvard et son compère sont en quête du livre unique qui apporterait une réponse à leur insatisfaction.

La rédemption des «cloportes» [2]

Pourtant ces deux petits bourgeois médiocres et grotesques, dont Flaubert souligne les traits dérisoires, ne sont pas seulement les «deux idiots» qu'il évoque dans sa Correspondance. Au fur et à mesure que le livre avance, une sympathie croissante s'instaure entre l'auteur et ses anti-héros. Leur soif de savoir les élève bien au-dessus de l'univers mesquin de Chavignolles et leur quête intellectuelle, en dépit de leur maladresse et de leurs échecs, les transforme. «Ce ne sont pas précisément deux imbéciles, ils se développent», fait remarquer Flaubert. Leur mode de vie, leurs projets de réforme, leurs idées bousculent l'immobilisme provincial et les excluent progressivement de la bonne société : «l'évidence de leur supériorité blessait» et plus loin : «leur manière de vivre, qui n'était pas celle des autres, déplaisait. Ils devinrent suspects et même inspiraient une sorte de vague terreur» (chapitre VIII). Aussi finiront-ils par se mettre à dos l'autorité, et le manuscrit inachevé prévoyait leur arrestation sur ordre du sous-préfet.

Peu à peu les deux paisibles rentiers du début sont devenus deux agitateurs, incarnations à la fois grotesques et touchantes de l'esprit en butte aux limites que lui impose le réel. Bien plus, ils accèdent au cours du récit à une forme de lucidité qui les sauve de leur médiocrité : «Alors une faculté pitoyable se développa dans leur esprit, celle de voir la bêtise et de ne plus la tolérer.» (chapitre VIII). Tous deux alors opèrent comme un révélateur de la bêtise et de la dureté du monde qui les entoure.

C'est qu'il y a entre eux et leur auteur une secrète parenté. Comme eux, Flaubert est un lecteur insatiable, archiviste maniaque. Avec eux il partage cette «faculté pitoyable» et ce dégoût, cette haine de ses contemporains. Comme lui ils choisissent, à la fin du livre, de s'enfermer dans la solitude et l'écriture.

L'amitié créatrice

Enfin, *Bouvard et Pécuchet* est le roman de l'amitié, seule valeur positive du livre. Tous deux ne commencent à exister qu'à partir de leur ren-

---

2. Expression de Flaubert lui-même.

contre; avant ils ne sont rien, simples cloportes perdus dans la ville. Leur rencontre est un coup de foudre qui les arrache à la médiocrité et les élève au-dessus de leur condition de modestes commis. Elle fait surgir en eux tout ce que la vie sociale avait refoulé : le sentiment, l'émotion, le rêve. L'amitié est un réveil de l'intériorité. Mais, du même coup, elle sépare les deux amis du monde social.

Bouvard et Pécuchet sont des marginaux, dont le mode de vie suscite la curiosité et la défiance. C'est que l'amitié inverse les règles du jeu social. Alors que celui-ci commande à l'individu de produire, d'économiser, d'acquérir, subordonnant l'homme aux choses, celle-là répond à une logique du don, de la générosité, de la dépense. Bouvard et Pécuchet se ruinent dans leur quête du savoir et leur effort pour transformer la réalité. Bouvard vend sa propriété, «ne voulant pas que Pécuchet, un jour se trouvât sans fortune». Obéissant à un principe anti-économique, l'amitié est ainsi profondément subversive et anti-bourgeoise. Bouvard et Pécuchet sont les commis méticuleux du rêve : inventant des systèmes, déformant le réel. L'amitié qui a joué un si grand rôle chez Flaubert, dont la vie est jalonnée par une série d'amitiés masculines, est ce qui préserve en nous la part de la passion et du rêve irréductible à la vie sociale.

Aussi surpasse-t-elle l'amour, que le temps voue à l'usure et que la société condamne au mensonge et à son inévitable corollaire le mariage. Se marier c'est renoncer à la passion et aux rêves qui ont présidé à la naissance de l'amour, c'est accepter de rentrer dans le réel et de se soumettre à sa laideur et à sa monotonie.

Mais cette relation amicale n'est plus tournée vers le passé comme à la fin de *L'Éducation sentimentale*, elle se prolonge dans un faire commun, dans le désir d'œuvrer au «bureau à double pupitre» que commandent les deux personnages. Amitié créatrice qui achève l'œuvre et qui fait écho à ce passage de la première *Éducation sentimentale* : «Ô mon pauvre Henry! est-ce là ce que nous avions rêvé ensemble ? [...] Nous devions demeurer dans la même maison; tous les matins jusqu'à midi nous aurions travaillé, chacun à notre table; à cette heure-là on se serait lu ce qu'on aurait fait.» Si l'amitié et l'art sont aussi intimement liés chez Flaubert c'est que l'art implique de la part de l'artiste le sacrifice d'une vie bourgeoise, le refus du mariage. Le mariage ne peut mener qu'à la procréation; l'amitié seule peut maintenir intacte le goût du rêve, la force de l'imaginaire. Derrière *Bouvard et Pécuchet,* c'est ainsi le rêve personnel de Flaubert d'une amitié créatrice, à laquelle Chevallier, Le Poittevin, Du Camp se sont dérobés, qui se donne à lire.

LES RÉCITS BAROQUES

La Tentation de saint Antoine

HISTOIRE DE L'ŒUVRE

La genèse

«J'ai repris une vieille toquade» écrit Flaubert à la princesse Mathilde le 1er juillet 1869, en évoquant *La Tentation de saint Antoine* qu'il s'apprêtait, pour la troisième fois, à remettre en chantier. Plus encore que *L'Éducation sentimentale* qui avait donné lieu à deux versions, cette œuvre a accompagné la vie et l'œuvre de son auteur. Y revenant à intervalles fixes, avant chaque grand roman, comme à un exercice de style et comme pour se libérer d'une exubérance baroque qu'il refoule dans ses grands récits : 1849, c'est la première version, abandonnée sur les conseils de Du Camp et Bouilhet, pour *Madame Bovary;* 1856, à peine celui-ci terminé, il reprend le manuscrit de la première version et l'achève à l'automne ; enfin 1872, c'est l'ultime et définitive version, commencée en juin 1869, c'est-à-dire à peine un mois après avoir fini *L'Éducation sentimentale.*

Selon son auteur, *La Tentation de saint Antoine* aurait eu son origine dans un tableau de Breughel : «*Les Tentations de saint Antoine, ermite*» contemplé au palais Balbi Senarega de Gênes en mai 1845. Là encore, le tableau n'a fait que cristalliser un thème et une situation qui remontent plus loin dans le passé et le psychisme de l'écrivain. Sans doute a-t-il fait ressurgir le souvenir des spectacles de marionnettes du père Legrain, donnés une fois par an à Rouen, à l'occasion de la saint Romain, et qui représentaient un vieux mystère populaire consacré à la vie de saint Antoine. À cette origine lointaine s'ajoute la vogue romantique pour les grands thèmes religieux et bibliques : le *Faust* de Gœthe est traduit par Gérard de Nerval en 1828, *Caïn* de Byron par Fabre d'Olivet la même année et, en 1833, Edgar Quinet fait paraître *Ahasvérus*, qui popularise l'image du juif errant. Déjà, *Smarh*, une œuvre de jeunesse de 1839, reprenait le thème de l'ermite tenté par le diable. Mais pour écrire *La*

Tentation de saint Antoine, Flaubert va se lancer dans d'innombrables lectures. L'histoire et la philosophie des religions sont alors à la mode. Et l'œuvre, derrière son apparence foisonnante, décousue, hallucinatoire, est d'abord le produit des lectures immenses de son auteur. Michel Foucault parle à son sujet d'«onirisme érudit».

Citons en bref les plus importantes : l'*Histoire du gnosticisme* de Matter, la *Théologie chrétienne* de Reuss, la *Symbolique* de Creuzer, traduit de 1825 à 1851, l'*Origine de tous les cultes* de Dupuis (1794). Pour ne mentionner que les ouvrages critiques, car il y a en outre la lecture encyclopédique des Docteurs de l'Église et de Spinoza.

Ce poids des sources livresques est déterminant car de nombreuses descriptions de Flaubert sont tirées directement des illustrations et des commentaires de ces historiens des religions.

La publication et l'accueil

La première *Tentation de saint Antoine*, fruit pourtant d'une copieuse documentation, est rédigée rapidement : commencée le 24 mai 1848, elle est terminée le 12 septembre 1849. Le début de sa rédaction, il est intéressant de le signaler, suit la mort d'Alfred Le Poittevin, ami très cher de Flaubert (3 avril 1848). Lue quatre jours consécutifs à M. Du Camp et L. Bouilhet, l'œuvre était condamnée sans appel : «Nous pensons qu'il faut jeter cela au feu et n'en jamais reparler.» Cette première version sera publiée pour la première fois en 1910.

La version de 1856 est considérablement réduite : 193 feuillets au lieu de 541! Des extraits sont publiés dans *L'Artiste* (décembre 1856 à février 1857). Elle ne sera publiée intégralement qu'en 1908. La mouture définitive est une réécriture en profondeur des versions antérieures. La cure d'amaigrissement se poursuit, le manuscrit passant à 134 feuillets. Le travail va se prolonger jusqu'au 1er juillet 1872, entrecoupé par la guerre et les ennuis d'argent et de santé qui accablent l'auteur. *La Tentation de saint Antoine* paraît en avril 1874 chez Charpentier. C'est un succès. Les 2 500 exemplaires sont épuisés en six semaines.

Du côté de la critique, l'accueil fut sévère. Citons Barbey d'Aurevilly : «*La Tentation de saint Antoine* pourrait être le suicide définitif de Flaubert..., tellement incompréhensible qu'on n'en perçoit ni l'idée première ni même l'intention... un ennui implacable.» Flaubert ressentit durement ce nouvel échec : «Les injures s'accumulent! C'est un concerto, une symphonie, où tous s'acharnent dans leurs instruments [...] Ce qui m'étonne, c'est qu'il y a, sous plusieurs de ces critiques, une haine contre moi, contre mon individu, un parti pris de dénigrement, dont je cherche la cause» écrit-il à George Sand le 1er mai 1874.

RÉSUMÉ

«Encore un jour! un jour de passé!» sont les premiers mots du long monologue qui ouvre l'œuvre. Ennui, désir d'évasion, souvenirs scandent cette longue tirade cependant que le soleil se couche. La deuxième partie voit se succéder les visions tentatrices inspirées par les péchés capitaux, elle s'achève sur l'apparition de la reine de Saba qui propose au saint son corps et ses richesses. Hilarion, l'ancien disciple surgit alors (troisième partie): il incarne la science, l'éternel désir humain de connaître la vérité («nous n'avons de mérite que par notre soif de vrai»). Il offre à son vieux maître de lui révéler l'inconnu («le secret que tu voudrais tenir est gardé par des sages... tu les écouteras; et la face de l'Inconnu se dévoilera»). Il dévoile alors (c'est la quatrième partie) les différentes hérésies qui ont déchiré le christianisme primitif, soulignant ainsi les contradictions de la religion à laquelle s'est soumis son maître. Dans la partie suivante, Hilarion fait défiler tous les dieux des anciennes religions et montre leur agonie: «Tous sont passés» commente Hilarion qui se nomme: «On m'appelle la science».

Surgit alors le Diable, répondant au désir de l'ermite de le connaître. Il emporte celui-ci dans l'espace et lui montre la petitesse de la terre et l'infinité de l'univers. Le saint découvre alors qu'il n'y a rien en dehors de la matière illimitée. «Puisque l'infini seul est permanent, il y a l'Infini; et c'est tout!» conclut le diable. Confronté au néant de la vie, au caractère illusoire de toute croyance, Antoine subit la tentation suprême, celle du néant: «un froid horrible me glace jusqu'au fond de l'âme [...] Ma conscience éclate sous cette dilatation du néant!» Dans la septième et dernière partie, il est à nouveau seul. Devant lui défile une série d'allégories: la luxure et la mort qui se querellent et finissent par se confondre, puis le Sphynx et la Chimère qui ne parviennent pas à s'unir et enfin «toute une galerie d'êtres et d'animaux fabuleux» jusqu'à l'extase finale, où saint Antoine assiste à la naissance de la vie («Ô bonheur! bonheur! j'ai vu naître la vie») et rêve de se fondre avec la matière originelle, cependant que le jour se lève sur l'apparition du visage du Christ. Alors, «Antoine fait le signe de la croix et se remet à prier.»

LA STRUCTURE
DE LA TENTATION DE SAINT ANTOINE

Une organisation théâtrale

Par sa disposition (monologue, alternance de répliques, découpage en tableaux, indications scéniques en italiques détachées du texte dit), *La Tentation de saint Antoine* relève du théâtre. C'est un drame à la façon du *Faust* de Gœthe. Le lieu où se déroule celui-ci, «au bout d'une montagne, sur une plate-forme arrondie en demi-lune et qu'enferment de grosses pierres », renvoie presque explicitement à une scène. La didascalie* finale, «le jour enfin paraît; et, comme les rideaux d'un tabernacle qu'on relève, des nuages d'or [...] découvrent le ciel», renvoie à cette théâtralité. L'unité de temps, une nuit de tentations, vient de plus redoubler l'unité spatiale. Enfin, la multiplication des indications scéniques confère à l'œuvre sa dimension essentiellement plastique et visuelle.

Mais de cette machinerie théâtrale, le saint est à la fois le metteur en scène, le régisseur et le spectateur uniques. Les apparitions se succèdent au gré de ses hallucinations. Le théâtre ici est un théâtre intérieur qui donne forme aux fantasmes d'Antoine. Du même coup, le lecteur est mis dans la position du spectateur qui, à travers le regard de l'ermite, lui-même spectateur, voit aussi réellement que celui-ci les apparitions qui surgissent. Bien plus, le dispositif théâtral se complique lorsqu'Antoine contemple les visions que lui découvre Hilarion, instaurant une profondeur dans la représentation qui se déroule.

Encore un ordre caché

Derrière le foisonnement apparemment confus de l'œuvre, qui lui confère sa ressemblance avec le désordre du rêve, se cache, comme l'a bien montré Michel Foucault, une construction rigoureuse à plusieurs niveaux. Spatiale d'abord : surgie de l'esprit même de l'ermite, la vision s'élargit par éloignements successifs : quittant l'enclos de sa retraite (première partie) pour Alexandrie à l'horizon (deuxième partie) puis l'Orient des hérésies chrétiennes (quatrième partie), l'Asie et ses dieux enfuis (cinquième partie), enfin l'univers (sixième partie) et, au-delà, la matière elle-même, encore indifférenciée (septième partie).

À cette progression spatiale se superpose une progression dans le temps, qui va du plus proche (le présent de la tentation) à l'origine même de la vie. La cinquième partie, qui passe en revue les religions disparues, fournit un bon exemple de cette double traversée de l'espace et du temps : elle commence par l'évocation des croyances les plus primitives, animistes et remonte aux religions antiques de Grèce et de Rome par un mouvement d'Orient vers l'Occident. Ce défilé se clôture par Hilarion «transfiguré, beau comme un archange, lumineux comme un soleil», incarnation de la science qui a pris, en Europe, le relais des vieilles croyances.

Enfin, la référence à un classement théologique motive l'agencement des visions. Alors que dans les versions antérieures, les sept péchés capitaux (avarice, colère, envie, gourmandise, luxure, orgueil, paresse) et les trois vertus théologales (charité, espérance, foi) intervenaient sous la forme d'allégories, directement dans le dialogue, elles disparaissent ici au profit des visions violentes qui les incarnent. Ainsi les tentations du saint correspondent-elles, dans la deuxième partie, aux sept péchés, puis sont rassemblées autour de la figure séductrice de la reine de Saba. De même l'économie générale de l'ouvrage obéit à la défaite successive des trois grandes vertus. La foi est ébranlée par le spectacle des hérésies (quatrième partie), l'espérance par la fin du sacré (cinquième partie), la charité par la vision désespérante d'un monde par-delà le bien et le mal.

UNE SIGNIFICATION AMBIGUË

La tentation de saint Flaubert

La persistance de la figure de saint Antoine renvoie à la parenté profonde que le romancier établit entre lui et le saint. Solitaire, vivant à l'écart du monde, surplombant le Nil (forme condensée de *nihil*, rien, en latin), consacrant sa vie au Livre, dévoré par l'imagination, l'ermite chrétien est un double fraternel de l'écrivain. Comme son personnage, Flaubert connaît le doute qui ébranle sa foi dans l'Art, hanté par l'angoisse de sacrifier sa vie à une chimère, semblable à celle qui dialogue à la fin de *La Tentation de saint Antoine* avec le sphinx, «caprice indomptable qui passe et tourbillonne». «J'ai parfois de grands ennuis, de grands vides, des doutes qui me ricanent à la figure [...]; eh bien! je n'échangerais tout cela pour rien, parce qu'il me semble en ma conscience que j'accomplis un devoir, que j'obéis à une fatalité supérieure...» note Flaubert dans une lettre.

Le monologue du début lui-même transpose quelques-unes des hantises de l'écrivain : la culpabilité à l'égard de la mère (Mme Flaubert meurt le 6 avril 1872), le rapport à Caroline, sœur et nièce, le choix du célibat lié à la vocation artistique : «Tous me blâmaient lorsque j'ai quitté la maison. Ma mère s'affaissa mourante, ma sœur de loin me faisait des signes; et l'autre pleurait, Ammonaria, cette enfant que je rencontrais chaque soir...»

Le crépuscule des dieux

La Tentation de saint Antoine est l'écho de la crise intellectuelle et spirituelle d'une époque. La fuite des dieux qui ont reflué du monde a laissé celui-ci désespérément vide; le scientisme*, représenté ici par Hilarion, ne suffit pas à rendre un sens au réel. Le matérialisme, auquel le positivisme* a réduit ce dernier, débouche sur la conscience aiguë du néant de toutes choses : «le mal et le bien ne concernent que toi», dit le diable à saint Antoine. De même que *Bouvard et Pécuchet* décrira l'échec du savoir, de même *La Tentation* décrit la fin du sacré et la mort de Dieu. Même les dieux réputés éternels n'échappent pas au temps, comme l'exprime la plainte d'Isis dans la cinquième partie : «Égypte! Égypte! tes grands dieux immobiles ont les épaules blanchies par la fiente des oiseaux, et le vent qui passe sur le désert roule la cendre de tes morts!»

Une fin ambiguë

Là fin de l'ouvrage laisse perplexe : s'agit-il d'une victoire finale de l'ascète, qui échappe au doute dans la vision du Christ et se remet à prier ou bien d'une débâcle, le saint revivant chaque nuit les mêmes tentations ? La nuit a-t-elle affermi sa foi en débouchant sur une vision extatique des origines de la vie ? Ou bien s'achève-t-elle sur un souhait contradictoire avec sa foi, «être la matière» ?

Par son ambiguïté, la fin incarne la contradiction même de l'artiste, partagé entre son désir de saisir par le langage l'essence des choses, de réconcilier les mots et le réel et le constat d'une nature dépourvue de tout sens, pure matérialité organique, radicalement inhumaine. L'extase matérielle à laquelle parvient l'ermite ne fait que confirmer le douloureux divorce de la conscience et de la réalité, l'impossible unité de l'homme et du monde : «les choses ne t'arrivent que par l'intermédiaire de ton esprit.

Tel qu'un miroir concave il déforme les objets ; – et tout moyen te manque pour en vérifier l'exactitude », déclare le Diable à Antoine. La vision finale du saint suggère un rapprochement avec celle de Roquentin, prénommé Antoine lui aussi, le héros de *La Nausée* de Sartre devant la présence muette et incompréhensible du marronnier : «la racine du marronnier s'enfonçait dans la terre [...] Je ne me rappelais plus que c'était une racine. Les mots s'étaient évanouis et, avec eux, la signification des choses, leurs modes d'emploi, les faibles repères que les hommes ont tracés à leur surface». De là cette fascination flaubertienne pour le laid, le monstreux, l'anormal.

Un monstrueux pessimisme

La Tentation de saint Antoine est une débauche de difformités, d'êtres hybrides dont la prolifération anarchique est, à l'image d'un monde, dépourvue de cohérence et de sens. La multiplication des apparitions, la rapidité de leur succession, la variété de leurs métamorphoses ne font que souligner l'absence d'unité du réel : «Pourquoi les Formes sont-elles variées ? Il doit y avoir, quelque part, des figures primordiales dont les corps ne sont que les images. Si on pouvait les voir on connaîtrait le lieu de la matière et de la pensée, en quoi l'Être consiste!», s'exclame saint Antoine (septième partie). «Il n'y a pas de but» rétorque le Diable (sixième partie). Au-delà de la fascination personnelle de l'auteur pour la difformité, la galerie de monstres qui défile dans *La Tentation de saint Antoine* est l'expression du pessimisme de Flaubert. Dès lors la sainteté, dont le thème hante le romancier, de Félicité à saint Julien jusqu'à ces deux saints laïques que sont Bouvard et Pécuchet, apparaît comme la tentative, et non plus la tentation, de surmonter le néant de l'existence en conférant un sens, même précaire, à la vie. Instaurant de l'être à partir du non-être, tel apparaît l'art et telle semble sa seule justification. «Fonder l'art comme représentation totalisante du néant de la vie», comme l'écrit J.-P. Sartre dans *L'Idiot de la famille*.

Trois Contes

La genèse

Les trois récits qui composent ce recueil ont été écrits entre septembre 1875 et janvier 1877. L'ordre de leur rédaction n'est pas celui de leur présentation dans l'ouvrage. Flaubert, en effet, a commencé par écrire *La Légende de saint Julien l'Hospitalier* alors qu'il est à Concerneau, où il est venu passer des vacances auprès de son ami, le naturaliste Pouchet. Deux sources à ce récit : un vitrail de la cathédrale de Rouen représentant la vie du saint, à laquelle le narrateur fait référence à la fin du conte : « Et voilà l'histoire de saint Julien l'Hospitalier, telle à peu près qu'on la trouve, sur un vitrail d'église, dans mon pays. » Et surtout l'*Essai sur la peinture sur verre* de Langlois, publié en 1832. Il faut en effet rappeler que Langlois a été le professeur de dessin de Flaubert au collège de Rouen.

Un cœur simple en revanche n'a pas une source livresque mais biographique. Il se nourrit des souvenirs de Flaubert. Des lieux d'abord : la Normandie, la route de Pont-Lévêque à Honfleur où le romancier connut sa première crise nerveuse, Trouville où il passait les vacances d'été et rencontra É. Schlésinger ; des êtres chers simplement rencontrés ensuite : le personnage de Félicité est ainsi inspiré de Julie, la vieille servante des Flaubert, mais aussi de celle des Barbey (qui portait d'ailleurs le même prénom) auxquels la famille Flaubert rendait visite à Trouville. Il n'est pas jusqu'à Loulou qui ne s'alimente à ce passé vécu : les Barbey possédaient eux-mêmes un perroquet. La mélancolie qui baigne le récit traduit l'état d'esprit de son auteur : commencé en mars 1876, il est achevé le 16 août. Mais entre-temps Flaubert, toujours en proie à ses soucis financiers, est durement affecté par la mort de Louise Colet et de George Sand : « J'avais commencé *Un cœur simple* à son intention exclusive [...]. Elle est morte au milieu de mon œuvre. Il en est ainsi de tous nos rêves », écrit-il.

Un cœur simple à peine achevé, Flaubert commence *Hérodias :* « Maintenant que j'en ai fini avec Félicité, Hérodias se présente et je vois (nettement, comme je vois la Seine) la surface de la mer morte scintiller au soleil » déclare-t-il dans une lettre du 17 août 1876. Commencé en novembre, le conte sera terminé le 31 janvier de l'année suivante. Si l'intérêt pour l'Orient et l'Antiquité n'est pas nouveau chez Flaubert, il est stimulé par l'abondance des études d'histoire religieuse qui sont alors publiées : Renan a publié la *Vie de Jésus* en 1863 ; Mallarmé publie un fragment de son *Hérodiade* en 1871 dans le *Parnasse contemporain*. Mais le déclic est fourni par le tableau de Gustave Moreau, *Salomé*, exposé au salon de 1876. Ajoutons encore que Flaubert avait en mémoire un autre vitrail de la cathédrale de Rouen illustrant le festin d'Hérode, la danse de Salomé et la décollation de saint Jean-Baptiste.

L'accueil

L'accueil fait aux trois contes tranche heureusement avec le double échec de *L'Éducation sentimentale* et de *La Tentation de saint Antoine*. Publiés d'abord dans la presse, *Un cœur simple* et *Hérodias* dans *Le Moniteur universel*, *Saint Julien* dans *Le Bien public*, en avril 1877, ils reçoivent un accueil favorable de la part de la critique. Théodore de Banville parlera de «trois chefs-d'œuvre absolus et parfaits créés avec la puissance d'un poète sûr de son art, et dont il ne faut parler qu'avec la respectueuse admiration due au génie».

RÉSUMÉ

L'intrigue d'*Un cœur simple* tient en peu de choses, résumées par Flaubert lui-même : «L'histoire d'*Un cœur simple* est tout bonnement le récit d'une vie obscure, celle d'une pauvre fille de campagne, dévôte mais mystique, dévouée sans exaltation et tendre comme du pain frais. Elle aime successivement un homme, les enfants de sa maîtresse, un neveu, un vieillard qu'elle soigne, puis son perroquet ; quand le perroquet est mort, elle le fait empailler, et en mourant à son tour elle confond le perroquet avec le Saint-Esprit.» (*Correspondance*).

La Légende de saint Julien l'Hospitalier suit assez fidèlement le récit qu'en fait Langlois dans son *Essai sur la peinture sur verre* de 1831. D'abord la jeunesse du saint, dans le château paternel, et la passion dévorante et cruelle de la chasse qui pousse le jeune homme au cours d'une de ses chasses solitaires à accomplir un véritable carnage. Avant de mourir, un cerf lui prédit qu'il tuera son père et sa mère. Julien décide alors de quitter le château et mène une vie aventureuse. Il épouse la fille de l'empereur d'Occitanie. Ses parents, partis à sa recherche, parviennent un soir au palais de Julien alors que celui-ci est absent. S'étant faits reconnaître, ils sont accueillis par l'épouse de leur fils, qui leur offre son propre lit. De retour, Julien croit que sa jeune femme le trompe et tue ses parents. Découvrant son erreur, il abandonne son épouse et ses biens et mène une vie de mendiant, consacrant sa vie aux autres. Il s'installe auprès d'un fleuve et sert de passeur. Une nuit, un lépreux lui demande de passer le fleuve. Il l'accueille dans sa masure et se couche auprès de lui pour le réchauffer. Mais le lépreux est le Christ et celui-ci emmène Julien au paradis.

Le récit d'*Hérodias* est emprunté à l'histoire antique et religieuse. Hérode Antipas a fait arrêter saint Jean-Baptiste (Iaokanann) mais il ne se résout pas à le tuer comme l'y convie son épouse Hérodias. Au cours d'un banquet d'anniversaire, Salomé, fille d'Hérodias, danse devant Hérode. Subjugué, celui-ci lui promet d'accéder à tous ses vœux. Elle lui demande, à l'instigation d'Hérodias, la tête d'Iaokanann, présentée dans un plat. Lié par sa promesse, Hérode s'exécute malgré lui. Deux disciples du saint emportent la tête alors que le soleil se lève.

COMMENTAIRE

UNITÉ ET DIVERSITÉ DES TROIS CONTES

La diversité des inspirations...

L'ouvrage se présente comme une véritable somme des œuvres antérieures, reprenant et brassant les diverses sources de l'inspiration flaubertienne : l'histoire contemporaine déjà illustrée dans *Madame Bovary* et *L'Éducation sentimentale* avec *Un cœur simple*; le Moyen Âge des œuvres de jeunesse (*Louis XI, Chronique normande du Xe siècle*) dans *La Légende de saint Julien;* l'Antiquité orientale de *Salammbô* dans *Hérodias*. L'ordre adopté pour la publication remonte du XIXe siècle au passé le plus lointain, le premier siècle de notre ère.

En même temps qu'il mêle les époques, l'ouvrage brasse les lieux les plus divers : la Normandie réelle et géographiquement très précise, le non-lieu de *La Légende de saint Julien,* dans laquelle toute référence aux lieux a disparu, la Palestine historique enfin.

...et celle des genres

Diversité des genres enfin, réunis sous le titre de «contes» et qui juxtapose une nouvelle au réalisme presque balzacien, *Un cœur simple*, le merveilleux chrétien de *La Légende* et le drame historique avec *Hérodias*. Le mot «conte» désigne ici davantage un récit court, point commun des trois histoires. À cette diversité formelle s'ajoute la diversité de structure de celles-ci. Unité de lieu et de durée («pendant un demi-siècle, les bourgeoises de Pont-Lévêque envièrent à Madame Aubain sa servante Félicité») pour *Un cœur simple*, multiplicité des lieux (l'Occident et l'Orient), inscription dans une durée longue mais imprécise pour *La Légende*, unité de lieu (la clôture de la citadelle de Machaerous) et resserrement théâtral du temps (un jour) dans *Hérodias*.

Quoiqu'obéissant tous à une narration résolument linéaire et chronologique, hors le bref retour en arrière dans la vie de Félicité au chapitre 2 et la mise en parallèle d'événements simultanés dans le chapitre 2 de *La Légende* (l'arrivée des parents de Julien au château et le récit de la chasse infructueuse que mène au même moment leur fils), les trois histoires varient par la manière d'agencer les événements rapportés. *Un cœur simple* est fait d'une juxtaposition de micro-événements que ne relie aucun lien de causalité, poussière de faits minuscules que subit Félicité et dont la répétition morne engendre la tonalité mélancolique du conte.

La Légende en revanche inscrit d'emblée les événements dans la logique d'un destin implacable qui régit la vie du héros : c'est la double prédiction de sainteté et de gloire faite aux parents, la prophétie du cerf noir faite à Julien : «Un jour, cœur féroce, tu assassineras ton père et ta mère» (chapitre 1). Les deux chapitres suivants ne font qu'accomplir le triple oracle, scellant, conformément au merveilleux, l'intervention du surnaturel dans la vie des hommes.

Quant à *Hérodias*, il se présente comme une tragédie. Avec une exposition (1er chapitre) qui montre le déchirement intérieur d'Hérode, troublé par la voix, les prédictions de Iaokanann et son conflit avec Hérodias qui veut la mort du prophète. Avec une péripétie, l'arrivée de Vitellius, le proconsul romain, qui dévoile le secret d'Hérode (son prisonnier). Avec un dénouement enfin, la danse de Salomé et la demande qu'elle adresse au Tétrarque. À chacune de ces scènes correspond un lieu précis de la forteresse : la terrasse, les profondeurs cachées du palais où est enfermé Jean-Baptiste, la salle du festin. Enfin, à la différence des deux autres contes, foncièrement silencieux et où les paroles sont rares, *Hérodias* accorde une grande place, de façon théâtrale, aux dialogues.

Les métamorphoses du sacré

Pourtant derrière cette diversité se dissimule une réelle unité. Thématique d'abord. Chaque récit renvoie à la religion, vieille préoccupation de Flaubert depuis *La Tentation de saint Antoine*. Félicité est une sainte moderne, naïve, un peu ridicule qui incarne, non sans ironie de la part de l'auteur, une sorte de piété populaire qui est comme une forme dégradée du sentiment religieux. Dans un siècle où la foi en butte aux assauts du positivisme, connaît une crise profonde, celle-ci ne peut plus fournir qu'un succédané matériel et dérisoire aux aspirations à l'absolu : c'est le rituel de la Fête-Dieu, qui ponctue la vie de la servante. C'est encore la fin ambiguë du récit qui s'achève sur la vision de Félicité, sourde et agonisante, qui confond le perroquet et le Saint-Esprit : «Elle crut voir dans les cieux entrouverts un perroquet gigantesque, planant au-dessus de sa tête.» À la compassion de Flaubert pour son héroïne se mêle la dénonciation d'une religiosité qui s'adresse aux signes (la colombe symbole du Saint-Esprit identifiée au perroquet) et non à ce qu'ils désignent. Religiosité où se rejoignent la bonté toute chrétienne de Félicité et une espèce de torpeur mentale aux limites de la bêtise : «Elle vivait dans une torpeur de somnambule» (chapitre 4).

À cette fin s'oppose celle de *La Légende*, toute empreinte de merveilleux chrétien. Mot pour mot le dénouement du deuxième conte répond au premier : le grandissement du lépreux au gigantisme du perroquet, le passage de la cabane close au ciel aux «cieux entrouverts», l'ascension de Julien et du Christ à la vision céleste de Félicité, au bonheur de Julien celui de la servante («ses lèvres souriaient»). Mais ici nulle restriction. Au «elle crut voir» succède le récit au premier degré qui accepte le surnaturel : «et Julien monta vers les espaces bleus face à face avec Notre Seigneur Jésus...» Le récit rejoint ici le merveilleux du conte et Flaubert se conforme à ses lois. La transfiguration finale de Julien est rapportée comme un miracle bien réel, alors que celle de Félicité n'est que le produit d'une vision. Flaubert décrit un monde dans lequel l'homme et le sacré étaient de plain-pied, communiquant entre eux. Monde plein, enchanté, qui offrait aux désirs d'absolu un exutoire. «Paganisme, christianisme, muflisme ; voilà les trois grandes évolutions de l'humanité», écrivait-il.

L'histoire d'une crise

Hérodias de son côté s'inscrit à un moment de crise et de transition religieuses, celui du passage du paganisme au christianisme. Et Hérode, en dépit du titre, est le personnage central du récit, figure historique de ce déchirement. C'est d'ailleurs à travers son regard que le lecteur découvre le paysage qui entoure la citadelle. Or Hérode est fondamentalement un personnage divisé intérieurement, partagé entre sa haine pour Iaokanann et la peur qu'il lui inspire. Passif, il subit les événements et c'est malgré lui que le prophète sera supplicié. Le grand festin du dernier chapitre est révélateur de ce moment de crise spirituelle : si d'ordinaire on mange beaucoup chez Flaubert, ici on parle beaucoup et les religions s'affrontent. La fin du conte annonce l'avènement d'un monde nouveau symbolisé par la tête de Iaokanann, associée au soleil : «les paupières closes étaient blêmes comme des coquilles ; et les candélabres à l'entour envoyaient des rayons», tête que les disciples, qui arrivent «à l'instant où se levait le soleil», emportent avec eux. Et la mort du saint coïncide avec la venue du Christ. Ainsi l'ordre de succession des trois contes inverse-t-il celui du temps historique, passant d'une religion qui ne subsiste plus que sous une forme ambiguë au moment du surgissement d'une religion nouvelle.

Une géographie affective

Mais les *Trois Contes* ne sont pas trois exercices de style sur des formes narratives conventionnelles – la nouvelle réaliste, la légende, le récit historique –, ils renvoient directement, au travers des lieux, des personnages et des situations, aux grands motifs secrets de l'imaginaire flaubertien. Ainsi la Normandie d'*Un cœur simple*, Normandie réelle et affective, liée à l'enfance de l'auteur : du couvent des ursulines où meurt Virginie et où sa mère fut pensionnaire à la route de Pont-Lévêque à Honfleur où le romancier connut la première crise nerveuse qui allait décider de sa vocation et où Félicité est renversée par la malle-poste alors qu'elle emporte avec elle le cadavre de Loulou. Ce sera pour elle le dernier voyage, désormais elle vivra, comme Flaubert lui-même, dans la solitude recluse de sa chambre. Au huis-clos de l'écrivain devant l'écritoire répond le huis-clos de la servante devant son perroquet, emblème ironique du langage.

De la même façon, Julien qui vient s'installer dans une masure devant un grand fleuve rappelle-t-il l'auteur et sa propriété de Croisset face à la Seine.

L'auteur et ses doubles

Pareillement les personnages surgissent du vécu et des fantasmes du romancier. À travers le couple Hérode-Hérodias, c'est aussi la relation Flaubert–Louise Colet, morte au moment où il écrit le récit, qui revit. Et Salomé, qui séduit l'homme vieillissant qui cède à ses demandes, est d'une certaine façon Caroline, la nièce à laquelle il vient de sacrifier sa fortune. Caroline, double de la sœur disparue, qui revit pour sa part sous les traits de la Virginie d'*Un cœur simple*.

Mais sans doute est-ce surtout le personnage de Julien qui apparaît le plus intimement lié à l'inconscient flaubertien. La position centrale de la légende dans le triptyque lui confère une signification déterminante. À cet égard, la lecture qu'en propose Sartre éclaire l'un des sens profonds de ce conte. Au cœur du récit, il y a le parricide.

La scène du meurtre des parents est en effet, dans ce panneau central, chapitre 2, le foyer obscur du recueil tout entier, «camera obscura» de l'inconscient flaubertien qui se découvre au lecteur. Par son lieu (la chambre conjugale), son éclairage onirique («et il avançait vers le lit, perdu dans les ténèbres»), la méprise qui le fonde (Julien embrasse une barbe là où il croyait baiser le visage de son épouse), l'épisode revêt la dimension d'une véritable «scène primitive». C'est le Père, éternel rival qui occupe le lit conjugal de son fils, père qui possède la mère, qui est ici supprimé dans une scène d'une violence extraordinaire : «et il trépignait, écumait, avec des hurlements de bête fauve», écrit Flaubert. Comme si son héros et l'écrivain lui-même («écumait» ne renvoie-t-il pas à ses propres symptômes épileptoïdes ?) libéraient tout d'un coup, grâce au paravent de la légende (à la fois masque, feinte et excuse) un désir surgi de très loin, inavouable et longtemps refoulé.

La légende de saint Gustave

Enfin la légende est l'histoire d'une rédemption : la méchanceté originelle, inexplicable de Julien, c'est celle-là même de Flaubert, l'obscure culpabilité ressentie dès l'enfance par celui qui n'a pas répondu aux attentes paternelles et que hantent des accès de violence incompréhensibles (cf. *Novembre*). La maladie de Julien (chapitre 1), consécutive à la prédiction du cerf noir renvoie à la maladie de Gustave, terrassé par la crise de 1844. Tout comme son personnage, Flaubert quitte tout, renonce à une vie ordinaire et s'enferme à Croisset, près du fleuve. L'humble passeur humilié par les bourgeois qui l'exploitent, s'épuisant à répéter le même trajet d'une rive à l'autre, c'est le romancier lui-même, passeur de rêves, s'échinant à l'écritoire. Pourtant c'est cette vie méprisée qui procure la sainteté à Julien, comme l'écriture procurera à Flaubert le salut et la «canonisation» littéraire.

LES MARGES DE LA CRÉATION

LA TENTATION THÉÂTRALE

Une passion constante

Il est difficile de parler d'œuvre théâtrale à propos de Flaubert, celle-ci se réduisant à une seule pièce jouée, *Le Candidat*, donnée le 11 mars 1874 et retirée dès la quatrième représentation. Si une autre pièce fut achevée le 26 octobre 1863, *Le Château des cœurs*, elle fut refusée par tous les directeurs de théâtre. Quant au *Sexe faible*, pièce remaniée par Flaubert à partir d'un scénario laissé par L. Bouilhet, elle ne connut jamais les honneurs de la rampe.

Pourtant la passion du théâtre n'abandonna jamais l'écrivain. Elle se manifesta dès l'enfance, sur le billard paternel où le jeune Flaubert jouait des comédies qu'il avait écrites, seul ou avec son ami Ernest Chevalier. «Le fond de ma nature est, quoiqu'on dise, le saltimbanque. J'ai eu dans mon enfance et ma jeunesse, un amour effréné des planches. J'aurais peut-être été un grand acteur, si le ciel m'avait fait naître plus pauvre», déclarait-il à Louise Colet, dans une lettre. Il faut dire que l'enfance de Flaubert a coïncidé avec le grand renouveau théâtral, lié aux drames romantiques de Hugo et Dumas. Rouen, en outre, possédait plusieurs théâtres, dont une vaste salle de 1900 places, le Théâtre des Arts, où venaient jouer les troupes et les acteurs les plus célèbres.

À ces facteurs extérieurs il faut ajouter le goût personnel de l'écrivain pour la farce, la scatologie, le penchant pour la «gueulade» dont ses romans porteront la trace. Ce sens aigu du comique et de la dérision, qui se cristallisera dans la création burlesque du Garçon, caricature énorme du bourgeois, ne trouvera pourtant pas à se réaliser dans l'écriture dramatique, et *Le Candidat* est une lourde et indigeste pièce réaliste. Elle est construite autour d'un scénario politico-social qui tourne en dérision les mœurs politiques de l'époque : arrivisme, clientélisme et corruption. «Je roule dans la fange tous les partis. Cette considération m'excite. Tel est mon caractère» déclare-t-il.

RÉSUMÉ

Le candidat, Rousselin, est un bourgeois de province qui se présente à la députation. Mais sa candidature, soutenue en sous-main par le comte de Bouvigny, n'est qu'une manœuvre : le hobereau espère ainsi faire épouser la fille de Rousselin à son fils Onésime.

S'apercevant du piège, Rousselin refuse sa fille à celui-ci. Il voit alors surgir contre lui deux autres candidats, dont l'un est suscité par Murel, bourgeois qui prétend aussi à la fille de Rousselin. Celui-ci, à la demande de Bouvigny, s'allie avec lui contre Cruchet, le rival présenté par Murel. Mais voilà que Rousselin change de programme pour rafler les voix socialistes, jetant le désarroi dans le camp conservateur qui l'avait présenté. Cruchet se désiste en échange d'une remise de dette. Quant à Murel et Bouvigny, ils acceptent finalement de voter pour le candidat, chacun espérant de son côté obtenir la main de sa fille. Celui-ci est élu mais en même temps cocu, sa femme passant l'après-midi avec un journaliste qui suit la campagne électorale.

COMMENTAIRE

Le théâtre dans le roman

Complication de l'argument, schématisme didactique de la thèse, réalisme plat et sordide des situations expliquent largement l'échec. Curieusement, le théâtre de Flaubert n'est pas dans ses pièces mais dans ses romans, disséminé sous la forme d'une théâtralité insistante qui contamine l'écriture à plusieurs niveaux. D'abord celui des personnages. Les héros flaubertiens entrent dans l'univers romanesque comme sur une scène de théâtre, avec la même soudaineté («l'apparition»), portant avec eux le signe vestimentaire qui les symbolisera jusqu'au bout : entrée burlesque de Charles Bovary coiffé de sa casquette, irruption théâtrale de Salammbô descendant l'escalier qui la mène au milieu du festin : «le palais s'éclaira d'un seul coup [...] la porte du milieu s'ouvrit, et une femme [...] apparut sur le seuil», «apparition» de Mme Arnoux sur la scène du «Ville de Montereau», surgissement de Salomé dans la salle du banquet : «il arriva du fond de la salle un bourdonnement de surprise et d'admiration [...]. Sur le haut de l'estrade, elle retira son voile.» (*Hérodias*). Apparitions publiques à chaque fois, qui font surgir le personnage des coulisses et l'exposent aux regards.

Théâtralité introduite encore à travers la fréquence des dialogues et leur agencement : repas d'arrivée à Yonville qui convoque les principaux protagonistes et fait résonner le vide de leurs propos, festin d'*Hérodias* qui confronte les sectes religieuses, innombrables dialogues de Bouvard et Pécuchet avec les bourgeois de Chavignolles. Moins abondants que chez Balzac et Zola, les dialogues flaubertiens ne jouent pas le rôle traditionnel qui est le leur : inutiles à l'action, ne révélant pas la personnalité profonde des personnages, ils donnent à entendre une parole sociale, vide, anonyme dont ils sont les hérauts. Détachée d'eux, souvent mise en relief par l'italique, la parole et son creux, son insignifiance est mise en évidence, théâtralisée. On retrouve dans la juxtaposition des répliques quelque chose qui apparente le dialogue flaubertien au théâtre de Ionesco :

« – Comment se porte Arnoux ? dit Frédéric.
– Je vous remercie.
– Et vos enfants ?
– Ils vont très bien !
– Ah ! ah ! - Quel beau temps nous avons, n'est-ce pas ?
– Magnifique, c'est vrai !
– Vous faites des courses ?
– Oui. » (*L'Éducation sentimentale*, II, 6)

Enfin, la construction de nombreuses scènes, étageant les personnages sur plusieurs niveaux, horizontaux ou verticaux (la scène des comices, Salammbô et Mâtho à la fin, Baptiste et Hérode dans *Hérodias*), distribuant ceux-ci en regardants et regardés, spectateurs et acteurs, est d'essence dramatique elle aussi.

LES NOTES DE VOYAGE

L'écrivain voyageur

Le solitaire de Croisset n'a cessé d'être, sa vie durant, hanté par le voyage, échappatoire à un monde décevant, issue rêvée à l'enfer de la répétition des lieux, des gestes, des êtres : « moi, je voudrais voler, m'en aller, partir pour ne plus revenir, [...] ma maison me pèse sur les épaules, je suis tant de fois entré et sorti par la même porte ! J'ai tant de fois levé les yeux à la même place, au plafond de ma chambre, qu'il en devait être usé », s'écrie le narrateur de *Novembre*. Mais alors que le voyage baudelairien est la quête d'un ailleurs fabuleux, le voyage flaubertien n'a pas de terme assigné, il se suffit à lui-même. « Oh ! voyager, voyager, ne jamais s'arrêter, et, dans cette valse immense, tout voir apparaître et passer jusqu'à ce que la peau vous crève et que le sang jaillisse ! », est-il écrit dans *Novembre*. Le mouvement incessant du voyage multiplie et renouvelle les sensations et les émotions, il épargne l'usure, il brise le double enfermement dans l'espace (Yonville et sa clôture) et dans le temps, en pulvérisant celui-ci en une série discontinue d'instants toujours nouveaux. La comparaison avec la valse, rappelons-nous le bal de la Vaubyessard, livre la clé de l'errance flaubertienne : l'étourdissement. La mobilité délivre de l'inertie morne du réel, elle fait tournoyer le monde autour du voyageur, dans une rotation rapide d'apparitions, d'images entrevues. Parce que le voyageur ne s'attarde pas, il ne garde du réel que des apparences colorées, chatoyantes, contrastées ; qu'il reste et la laideur, la matérialité pesante du monde réapparaît, menaçant d'absorber la conscience : c'est la bêtise, la conscience devenue chose.

Voyager est une alternative à la bêtise du réel. Voyager, c'est le réel devenu impression et par là même rédimé. C'est, pour reprendre un vocabulaire sartrien, l'en soi nauséeux, devenu pour soi. Convertissant l'extériorité en intériorité, le voyageur s'accomplit naturellement dans l'écriture et dans ces multiples notes, carnets, journaux que Flaubert a tenus au cours de ses pérégrinations.

Flaubert reporter

Les manuscrits ne comptent pas moins de cinq récits de voyage : *Le Voyage aux Pyrénées et en Corse* de 1840, *Le voyage en Italie et en Suisse* d'avril-mai 1845, *Par les champs et par les grèves*, qui relate le séjour de l'écrivain et de Maxime Du Camp en Bretagne (du 1er mai au 6 août 1847). Enfin les récits des deux voyages que Flaubert fit en Orient : le premier, *Voyage en Orient*, rapportant le long périple de Flaubert et de ce même Du Camp, de novembre 1849 à juin 1851 ; le second, intitulé *Voyage à Carthage*, et consignant le bref séjour du romancier en Tunisie et en Algérie (12 avril-12 juin 1858) pour son roman *Salammbô*. De tous ces récits, seul le cinquième chapitre de *Par les champs et par les grèves*, consacré à Carnac, a été publié du vivant de Flaubert (dans la revue *L'Artiste* du 18 avril 1858). Les autres récits présentent un caractère disparate, où coexistent passages très écrits et simples notes, souvent abrégées et juxtaposées.

Du voyage à l'écriture

Dans ses notes, Flaubert fait l'apprentissage de l'écriture. Il ne s'agit plus d'exprimer les sentiments, les états d'âme mais d'apprendre à observer le monde et à le décrire. L'écrivain se met à l'école de la réalité. De là cette allure d'instantanés que prennent les notes flaubertiennes, enregistrant un moment, un éclairage, une forme, un geste : «Landernau : Plat – Un pont – La rivière de Landernau, canalisée droite – M. Fabre, bière, jardins, ifs, jets d'eau, soleil –.» (*Par les champs et par les grèves*, chapitre 9). D'autres fois, la description se fait tableau, comme la description violente des abattoirs de Quimper, s'ouvrant et se fermant sur le détail d'un chien dévorant les intestins d'un bœuf, et où Flaubert révèle sa fascination pour la destruction et la mort, passant de l'observation minutieuse de l'abattage des bêtes au mythe : «En ce moment, j'ai eu l'idée d'une ville terrible, de quelque Babylone ou une Babel de Cannibales où il y aurait des abattoirs d'hommes.» Enchaînant encore, sans transition, avec la visite de la cathédrale de Quimper.

Les notes de voyage sont ainsi un anti-guide touristique. Elles n'entraînent pas le lecteur vers un itinéraire balisé et sécurisant mais enregistrent le réel sous ses aspects les plus contradictoires : de la beauté d'un paysage naturel à la laideur criante d'un lieu, d'un objet ou d'un être. Comme ce télégraphe nantais, dont «les bras raides de la mécanique se tenaient immobiles et qui semblait au voyageur comme la grimace fantastique du monde moderne». Ou comme ces notes sur une prostituée du Caire dans le *Voyage en Orient :* «Sur la natte : chairs dures, ...de bronze, ...rasé, sec quoique gras ; l'ensemble était un effet de pestiféré et de léproserie». Le voyageur est un voyeur. Œil vivant, qui met sur le même plan le détail et le monument consacré, décapant le cliché touristique : «Jérusalem est un charnier entouré de murs ; la première chose curieuse que nous y ayons rencontrée, c'est la boucherie.» Écriture de la dissonance.

Mais ce que le voyageur accumule, ce sont moins des faits ou des photographies (Flaubert tient un journal pendant que Du Camp réalise pour le gouvernement français, le premier reportage photographique sur l'Orient) que des sensations. Engrangeant les couleurs, les sons, les odeurs : «Le petit cloître... – Soleil – Un moine a passé, dans la lumière, maigre, à plis flottants, tout blanc, allant vite - Mouvement pour tourner dans l'escalier». Car décrire, ce n'est nullement restituer l'objectivité insaisissable du réel. Décrire, c'est restituer une sensation, c'est-à-dire la façon dont la réalité nous apparaît partielle, fluctuante.

C'est pourquoi la description est toujours recréation de la perception, de l'émotion vécue. Et les notes de voyage sont moins un recueil d'observations pittoresques que l'apprentissage du travail d'écrivain. Une somme d'impressions qui vont servir de support à l'écriture, un matériel affectif auquel puiseront les romans à venir. «Je collais immédiatement tout ce que je voyais et tout ce que je sentais dans un coin de ma mémoire, pour m'en servir en temps opportun», écrit Flaubert à Jules Duplan (lettre du 12 juin 1867). Le récit de voyage est le moyen et non la fin de l'écriture. À l'éloignement dans l'espace qu'il suppose, il faut lui ajouter l'éloignement dans le temps, qui permettra à la mémoire d'enrichir, de nuancer, de recréer la perception. Le voyage sera vraiment terminé lorsqu'il sera mis en mots, devenu écriture.

FLAUBERT ENCYCLOPÉDISTE

Un sottisier

Le *Dictionnaire des idées reçues* porte en sous-titre «le catalogue des opinions chics». C'est un projet qui remonte aux années 1850, comme en témoigne une lettre à L. Bouilhet du 4 septembre de cette même année : «Tu fais bien de songer au *Dictionnaire des idées reçues*. Ce livre [...] arrangé de telle manière que le lecteur ne sache pas si on se fout de lui, oui ou non, ce serait peut-être une œuvre étrange et capable de réussir». Quoique jamais publiée du vivant de l'auteur, l'œuvre fonctionne comme un véritable répertoire de la sottise d'une époque, auquel il a puisé pour ses personnages et ses dialogues.

Organisé alphabétiquement, d'Abélard, première entrée, à Yvetot la dernière, l'ouvrage est un recueil de mots qui servent de thèmes à des expressions ou des opinions stéréotypées. Chaque mot est ainsi accompagné du contexte dans lequel il fonctionne : soit linguistique («cercle : on doit toujours faire partie d'un»), soit du commentaire social obligé qui l'accompagne («anglais : tous riches».» Bible : le plus ancien livre du monde»). «On y trouverait [...] tout ce qu'il faut dire en société pour être un homme convenable et aimable», écrit Flaubert à Louise Colet en 1852.

Un anti-livre

Le dictionnaire correspond d'abord à «ces prurits atroces d'engueuler les humains», qu'il satisfaira dans *Bouvard et Pécuchet*. Mais, plus profondément, il s'agit d'exhiber, sous la forme objective et mécanique du classement alphabétique, le règne du «on dit» qui s'empare des consciences et vide le langage de toute intériorité. Flaubert est le contemporain du développement de la grande presse, de la multiplication de l'imprimé, c'est-à-dire de l'émergence d'une culture de masse liée à l'essor de la démocratie. Il voit, de façon très aristocratique, dans ce phénomène, un nivellement et une standardisation de la pensée; plus grave encore l'avènement d'une parole majoritaire qui opprime l'individu : «Ce serait la glorification historique de tout ce que l'on approuve. J'y démontrerais que les majorités ont toujours eu raison, les minorités toujours tort.» Évacuant tout jugement de l'auteur, l'ouvrage est constamment construit sur le principe de l'antiphrase.

Dans la rédaction du « Dictionnaire », Flaubert rencontre la limite de toute littérature : l'anti-livre contre lequel la création doit se construire, la sourde menace d'un langage réduit à l'insignifiance, cette «parole brute ou immédiate» dont parle Mallarmé et qui ne dit proprement rien, pur silence : «... à chacun suffirait peut-être pour échanger la parole humaine, de prendre ou de mettre dans la main d'autrui en silence une pièce de monnaie». Parole-ustensile, à laquelle il ne reste à opposer que le silence ironique de l'auteur du « Dictionnaire » ou le silence de l'écriture qui cherche à signifier l'insignifiance du monde.

LA CORRESPONDANCE DE FLAUBERT

Le roman du roman

Très tôt, en 1887, grâce aux soins de «la nièce Caroline», la Correspondance de Flaubert fut portée à la connaissance du public. Cette édition très défectueuse, incomplète, censurée, datée de façon fantaisiste, fut suivie d'autres éditions cette fois plus rigoureuses. La quatrième édition notamment, publiée chez Conard de 1922 à 1925, en neuf volumes regroupant 1992 lettres, devait servir de référence. En 1954, un supplément, en quatre volumes, de 1278 lettres vient compléter l'ensemble.

Parce qu'elle ne fut pas rédigée pour être publiée, la Correspondance révèle un visage inattendu de l'écrivain, qui contraste avec l'impersonnalité affectée de ses œuvres. Comme si le «je», trop longtemps refoulé, se débondait dans les lettres. Le lecteur y découvre en effet un Flaubert exubérant, excessif, cru, choquant, énorme, que les éditions récentes, renonçant à la censure prudente des éditeurs précédents, ont bien montré. Par sa franchise et sa spontanéité, la Correspondance constitue un document irremplaçable sur la personnalité de son auteur, ses conceptions politiques et morales et son esthétique.

Par la diversité de ses principaux destinataires, que l'on peut répartir en trois groupes, les amis (Chevallier, Le Poittevin, Du Camp, Bouilhet, Laporte), les femmes, maîtresses ou confidentes (L. Colet, Mme Royer des Genette, G. Sand, la princesse Mathilde, la nièce Caroline), les écrivains (Tourgueniev, Maupassant, Zola, Gautier...), elle offre un témoignage de première main sur la vie sociale et culturelle du XIXe siècle.

Flaubert par lui-même

Dès les premières lettres, truffées de fautes d'orthographe, à E. Chevallier, apparaît déjà cette conscience de la bêtise des êtres et des choses : «tu as raison de dire que le jour de l'an est bête» (lettre du 31 décembre 1830); le lien organique de la bêtise et de l'art, dans le même courrier : «j'écrirai des comédies et toi tu écriras tes rêves; et comme il y a une dame qui vient chez papa et qui nous conte toujours des bêtises je les écrirai.» Très tôt se lisent aussi les grandes obsessions flaubertiennes. La fascination morbide pour le cadavre : «ce pauvre parrain, je le vois maintenant dans son suaire [...] l'idée des asticots qui lui mangent les joues ne me quitte pas» (III, 340). Le sentiment du néant, du pourrissement : «j'ai eu tout jeune un pressentiment complet de la vie», «nous ne sommes pendant notre vie que corruption et putréfaction successives». L'ennui, l'insatisfaction, le goût du rêve s'y expriment à loisir. Haine du bourgeois : «je suis éreinté à ne pouvoir tenir ma plume, c'est le résultat de l'ennui que m'a causé la vue d'un bourgeois».

Le rejet du socialisme, une «farce du passé», des utopies révolutionnaires : «on a senti ce qui fait le fond de toutes les utopies sociales : la tyrannie, l'anti-nature, la mort de l'Âme». Le refus du conservatisme : «la peur du socialisme va nous jeter dans un régime conservateur d'une bêtise renforcée» (IV, 245). Mépris aristocratique pour la foule, «le troupeau toujours haïssable», pessimisme à l'égard de la démocratie : «tout le rêve de la démocratie est d'élever le prolétaire au niveau de bêtise du bourgeois». Bref, un anarchisme nihiliste : «tous les drapeaux ont été tellement souillés de sang et de merde qu'il est temps de n'en plus avoir du tout », qui n'a comme issue que l'art.

Le culte de l'art

Mais surtout la Correspondance nous permet de suivre, jour après jour, à la façon d'un journal, la démarche et le travail de l'écrivain. Pour la première fois dans notre littérature, nous disposons d'un témoignage autobiographique complet et précis sur une œuvre en train de se faire. En même temps que nous entrons, grâce aux lettres, dans l'atelier de l'écriture, celles-ci nous livrent l'esthétique flaubertienne.

Et d'abord l'impersonnalité qu'exige toute création : «je n'aime pas intéresser le public avec ma personne». Ou encore : «l'artiste doit être dans son œuvre comme Dieu dans la Création, invisible et tout-puissant». Le refus réitéré de toute doctrine : «ne me parlez pas du réalisme, du naturalisme ou de l'expérimental. J'en suis gorgé. quelles vides inepties!» Refus qui débouche sur une proclamation paradoxale, quand on sait le souci documentaire de l'écrivain : «je regarde comme très secondaire le détail technique, le renseignement local, enfin le côté historique et exact des choses».

C'est que l'œuvre d'art est tout, sauf la reproduction de la vie : «la réalité, selon moi, ne doit être qu'un tremplin». L'art est une recréation du monde : «je voudrais écrire tout ce que je vois, non tel qu'il est, mais transfiguré». Par elle-même la réalité ne signifie rien, rongée de néant : «comme le néant nous envahit!» Seule l'écriture, en la recréant, la sauve en lui conférant une nécessité, un sens et une permanence qu'elle n'avait pas : «nous sommes cela, nous autres, des vidangeurs et des jardiniers. Nous tirons des putréfactions de l'humanité des délectations pour elles-mêmes, nous faisons pousser des bannettes de fleurs sur des misères étalées». Aussi l'œuvre doit-elle se tenir par elle-même, proposer un monde cohérent qui n'a pas besoin de la réalité pour exister. «Pense à ce que j'ai voulu entreprendre : vouloir ressusciter toute une civilisation sur laquelle on a rien», écrit Flaubert à Feydeau, à propos de *Salammbô*.

L'erreur du réalisme est d'avoir confondu le réel et le vrai. Or le réel n'est rien que la laideur opaque et insignifiante de la matière. Écrire c'est donner forme et sens à ce qui n'en a pas. C'est pourquoi la réalité n'est qu'un prétexte au texte. Et «les œuvres les plus belles sont celles où il y a le moins de matière», celles qui ne recherchent pas dans la vie le sujet et le support consistants d'une histoire. «Ce que je voudrais faire, c'est un livre sur rien, un livre sans attache extérieure, qui se tiendrait par la force interne de son style [...], un livre, qui n'aurait presque pas de sujet...» De là *Madame Bovary*, *L'Éducation sentimentale* ou *Bouvard et*

Pécuchet, qui frappent toujours par la médiocrité et l'insignifiance dérisoires de l'histoire qu'ils racontent. «C'est pour cela qu'il n'y a ni beaux ni vilains sujets» du point de vue de l'art. «Le style étant à lui tout seul une manière absolue de voir les choses.»

La quête d'un absolu

La Correspondance nous renvoie l'image d'un Flaubert entré dans la littérature comme on entre en religion, saint et martyr de l'écriture, avant Mallarmé, Proust ou Kafka. Il fut sans doute le premier écrivain pour qui, dans un monde dépourvu de sens, déserté par les dieux, l'œuvre représentât le seul absolu qui nous fût donné de vivre. Aussi exigera-t-elle le sacrifice des intérêts les plus immédiats et les plus ordinaires de la vie : «pour moi, l'amour n'est pas et ne doit pas être au premier plan de la vie ; il doit rester dans l'arrière-boutique», écrit Flaubert à Louise Colet en 1847, lui reprochant de subordonner l'exigence de l'œuvre à la vie : «il faut que je te gronde d'une chose qui me choque et me scandalise, c'est du peu de souci que tu as de l'Art maintenant [...] la seule chose vraie et bonne de la vie».

Mais le sacrifice mène aussi à la joie forte, extatique, d'écrire : «mercredi dernier, j'ai été obligé de me lever pour aller chercher mon mouchoir de poche, les larmes me coulaient sur la figure. Je m'étais attendri moi-même en écrivant. Je jouissais délicieusement, et de l'émotion de mon idée, et de la phrase qui la rendait...».

Le romancier est alors attelé à *Madame Bovary.* Voué à l'écriture, ne vivant que par et pour elle, Flaubert fut vraiment cet «homme-plume» qu'il évoque dans une lettre à Louise Colet du 1er février 1852 : «je suis un homme-plume, je sens par elle, à cause d'elle, par rapport à elle et beaucoup plus avec elle».

Conclusion

Après Flaubert, on n'écrira plus tout à fait de la même façon. À sa manière, il a révolutionné la littérature romanesque, influençant des auteurs très divers et inaugurant le roman moderne. Cela tient aux trois grands apports décisifs du récit flaubertien.

– La subjectivisation de la narration, qui restitue les événements à travers le vécu d'une conscience, marquant l'apparition d'une sorte de phénoménologie romanesque, dont M. Proust, J. Joyce, V. Woolf ou W. Faulkner seront les principaux représentants.

– La dissolution de l'intrigue, c'est-à-dire de l'armature narrative traditionnelle du roman, et qui aura ses lointains héritiers chez les écrivains du «nouveau roman».

– Le grotesque des personnages et des situations, qui nourrit la vision flaubertienne du monde et débouche sur une esthétique de la dissonance. Il se retrouvera chez Kafka mais aussi chez Céline et Sartre.

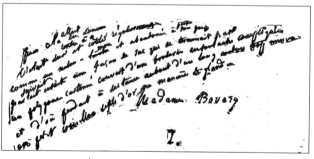

Ébauche du 1er feuillet de Mme Bovary

Flaubert disséquant Emma Bovary par J. Lemot

Groupements thématiques

LA PASSION ET SON ÉCHEC

Nourrie de rêves et d'illusions la passion flaubertienne est condamnée à la déception. L'ennui, un moment écarté, vient à nouveau la ronger.

Textes

Texte 1 : *Madame Bovary* : II, 12 : de «Emma pleurait ...» à «... dans son tonneau de malvoisie.»

Texte 2 : *Madame Bovary* : III, 6 : de «il s'ennuyait maintenant ...» à «... aller souper.»

Texte 3 : *L'Éducation sentimentale* : III, 4 : de «leur liaison ne tarda pas à être une chose convenue ...» à «... c'était bien le moins qu'il s'en servit.»

Texte 4 : *L'Éducation sentimentale* : III, 6 : de «quand ils rentrèrent ...» à «... et ce fut tout.»

Citations

«Car je ne l'aimais pas alors [...] c'était maintenant que je l'aimais [...] Ces souvenirs étaient une véritable passion.» (*Mémoires d'un fou*)

«L'amour peu à peu s'éteignit par l'absence, le regret s'étouffa sous l'habitude.» (*Madame Bovary*)

«C'est une belle chose qu'un souvenir, c'est presque un désir qu'on regrette.» (Correspondance)

«Le charme de la nouveauté peu à peu tombant comme un vêtement, laissait voir à nu l'éternelle monotonie de la passion.» (*Madame Bovary*)

LA NATURE DANS LE RÉCIT FLAUBERTIEN

Toujours très présente, elle est presque toujours perçue à travers le regard et l'émotion d'un personnage, reflétant ses attentes et ses rêves. Son calme, sa beauté, ses chatoiements font contraste avec la laideur du monde social.

Textes

Texte 1 : *Madame Bovary* : II, 3 : de «ils s'en revinrent à Yonville ...» à «... aux effilés.»

Texte 2 : *Madame Bovary* : II, 9 : de «on était aux premiers jours d'octobre ...» à «... deux brides cassées.»

Texte 3 : *L'Éducation sentimentale* : III, 1 : de «la diversité des arbres faisait un spectacle changeant ...» à «... pour l'embrasser.»

Texte 4 : *L'Éducation sentimentale* : II, 5 : de «puis il y eut un silence ...» à «... nappe limpide.»

Texte 5 : *Un cœur simple* (ch. 2) : de «l'après-midi on s'en allait ...» à «... embrasser les hommes.»

Citations

«Tu me dis que je deviens de plus en plus amoureux de la nature; moi j'en deviens effréné; je regarde quelquefois les animaux et même les arbres avec une tendresse qui va jusqu'à la sympathie.» (Correspondance)

«À force de regarder quelquefois un caillou, un animal, un tableau, je me suis senti y entrer.» (Correspondance)

«Souvent j'ai senti que quelque chose de plus large que moi se mêlait à mon être; petit à petit je m'en allais dans la verdure des prés et dans le courant des fleuves que je regardais passer; et je ne savais plus où se trouvait mon âme, tant elle était diffuse, universelle, épandue!» (*La Tentation de saint Antoine*)

«J'aurais voulu m'absorber dans la lumière du soleil et me perdre dans cette immensité d'azur...» (*Novembre*)

LE BOVARYSME

Né d'une déception et d'une insatisfaction répétée devant la réalité, il se traduit par l'aptitude à rêver la vie, à déréaliser les êtres et les choses. Miné par les stéréotypes auxquels il s'alimente, il est inexorablement voué à l'échec.

Textes

Texte 1 : *Madame Bovary*, I, 6 : de «elle avait lu *Paul et Virginie* ...» à «... Louis XIV était vanté.»

Texte 2 : *Madame Bovary*, I, 9 : de «elle s'abonna à "La Corbeille"...» à «... dans la mangeoire.»

Texte 3 : *Madame Bovary*, II, 2 : de «avez-vous du moins quelques promenades ...» à «...Yonville offre si peu de ressources.»

Texte 4 : *Madame Bovary*, II, 12 : de «Emma ne dormait pas ...» à «... de la pharmacie.»

Citations

«La vie ne me semble tolérable que si on l'escamote.» (Correspondance)

«On me croit épris du réel, tandis que je l'exècre, car c'est en haine du réalisme que j'ai entrepris ce roman.» (Correspondance)

«De toutes les débauches possibles, le voyage est la plus grande que je sache; c'est celle-là qu'on a inventée quand on a été fatigué des autres.» (Correspondance)

«Je voudrais me perdre dans la brume des nuits, dans le flot des fontaines, dans la sève des arbres, sortir de mon corps.» (*Salammbô,* ch. 3)

«(Le personnage) de Flaubert rêve d'amour et d'action, mais de telle sorte que, constamment coincé entre l'imparfait du souvenir et le conditionnel d'un futur improbable, l'instant présent ne cesse de lui échapper.» (M. Robert, *En haine du roman*)

«Il lui semblait que certains lieux sur la terre devaient produire du bonheur, comme une plante particulière au sol et qui pousse mal tout autre part.» (*Madame Bovary*)

LES COMPOSANTES DE LA BÊTISE

L'univers flaubertien est invinciblement rongé par la bêtise. Condamnant les personnages à reproduire «les idées reçues», elle les déshumanise. Vidant le dialogue de toute substance humaine authentique, elle ne peut être enrayée que par le silence, qui ménage aux héros les rares moments de plénitude de l'œuvre.

Textes

Texte 1 : *Madame Bovary*, II, 6 : de «la lueur du soleil couchant ...» à «... répétait Emma.»

Texte 2 : *Madame Bovary*, II, 8 : de «mais, messieurs, poursuivait le conseiller ...» à «... votre attention.»

Texte 3 : *L'Éducation sentimentale*, III, 1 : de «un homme en soutane ...» à «... place du Panthéon.»

Texte 4 : *Bouvard et Pécuchet*, ch. 2 : de «Pécuchet fit un signe ...» à «... quelle bêtise que cet arbre.»

Texte 5 : *Une leçon d'histoire naturelle :* de «aucun homme n'a encore songé à parler du commis ...» à «... le bonnet de soie noire sur la tête.»

Texte 6 : Le *Dictionnaire des idées reçues* (lettre B).

Citations

«La parole humaine est comme un chaudron fêlé où nous battons des mélodies à faire danser les ours, quand on voudrait attendrir les étoiles.» (*Madame Bovary*)

«Alors une faculté pitoyable se développpa dans leur esprit, celle de voir la bêtise et de ne plus la tolérer.» (*Bouvard et Pécuchet*)

«Je sens contre la bêtise de mon époque des flots de haine qui m'étouffent.» (Correspondance)

«Et tandis qu'ils s'efforçaient à trouver des phrases banales, ils sentaient une même langueur les envahir tous deux; c'était comme un murmure de l'âme, profond, continu, qui dominait celui des voix.» (*Madame Bovary*)

«La bêtise est quelque chose d'inébranlable; rien ne l'attaque sans se briser contre elle.» (Correspondance)

« La conversation de Charles était plate comme un trottoir de rue, et les idées de tout le monde y défilaient dans leur costume ordinaire, sans exciter d'émotion, de rire ou de rêverie. » (*Madame Bovary*)

RÔLE ET SIGNIFICATION DES OBJETS DANS LE RÉCIT FLAUBERTIEN

Les objets envahissent l'univers flaubertien, mais ils ont souvent moins un rôle dramatique que symbolique. Nourrissant la rêverie ou exprimant les désirs secrets des personnages, ils sont moins des objets réels que des objets de conscience, reflétant le psychisme profond du héros.

Textes

Texte 1 : *Madame Bovary*, I, 1 : de « nous avions l'habitude ... » à « ... et la posa sur ses genoux. »

Texte 2 : *Madame Bovary*, I, 9 : de « souvent, lorsque Charles ... » à « ... expirait son rêve. »

Texte 3 : *L'Éducation sentimentale*, III, 5 : de « on exhiba les meubles de la chambre à coucher ... » à « ... lui traverser le cœur. »

Texte 4 : *L'Éducation sentimentale*, I, 1 : de « elle avait un large chapeau ... » à « ... leurs yeux se rencontrèrent. »

Texte 5 : *Salammbô* : ch. 5 : de « alors Mâtho tira la lampe ... » à « ... ils accourent. »

Texte 6 : *Un cœur simple* (ch. 5) : de « une sueur froide ... » à « ... planant au-dessus de sa tête. »

Citations

« Comment reprendre le voile ? Sa vue seule était un crime : il était de la nature des dieux et son contact faisait mourir. » (*Salammbô*)

(à propos des chaînes Pulvermacher portées par Homais) « Madame Homais restait éblouie devant la spirale d'or sous laquelle il disparaissait, et sentait ses ardeurs redoubler pour cet homme plus garrotté qu'un Scythe et splendide comme un mage. » (*Madame Bovary*) (à propos des meubles de Mme Arnoux) : «C'était comme des parties de son cœur qui s'en allaient avec ces choses.» (*L'Éducation sentimentale*)

(à propos du coffret de Mme Arnoux) : «il était lié à ses souvenirs les plus chers, et son âme se fondait d'attendrissement.» (*L'Éducation sentimentale*)

(à propos de la chambre de Félicité) : «Cet endroit où elle admettait peu de monde, avait l'air tout à la fois d'une chapelle et d'un bazar, tant il contenait d'objets religieux et de choses hétéroclites.» (*Un cœur simple*)

«La vie romanesque ne s'éclaire que par l'opposition des objets et par la présence du monde.» (Alain, *Système des Beaux-Arts*)

«Les objets disent moins la vie que son mensonge, sa vanité et son insuffisance.» (C. Duchet, *Romans et objets*)

PRÉSENCE ET SIGNIFICATION DE L'HISTOIRE DANS L'ŒUVRE DE FLAUBERT

Lecteur passionné de Dumas et de Hugo, Flaubert a toujours été passionné par le roman historique. Mais l'histoire mise en scène dans ses romans est dépouillée de toute cohérence et de toute signification : fragmentaire, décousue, elle reflète le pessimisme de l'écrivain.

Textes

Texte 1 : *L'Éducation sentimentale* (III, 1) : de «tout à coup la Marseillaise...» à «... un certain plaisir.»

Texte 2 : *L'Éducation sentimentale* (III, 1) : de «après la cour du donjon...» à «... ils s'en retournèrent à l'hôtel.»

Texte 3 : *Salammbô* (ch. 8) : de «par dessus la voix des capitaines...» à «... une flèche dans l'œil.»

Texte 4 : *Bouvard et Pécuchet* (ch. 3) : de «Pécuchet conçut également des doutes...» à «... de savoir les dates.»

Texte 5 : *Hérodias* (ch. 3) : de «il était contraint...» à «... la fin du livre.»

Citations

«J'ai bien du mal à emboîter mes personnages dans les événements politiques de 1848.» (Correspondance)

(à propos de *Salammbô*) : «Ça ne prouve rien, ça ne dit rien, ça n'est ni historique, ni satirique, ni humoristique. En revanche, c'est peut-être stupide.» (Correspondance)

(à propos de *Salammbô*) : «J'aime l'histoire follement. Les morts m'agréent plus que les vivants!» (Correspondance)

(à propos de *Salammbô*) : «Peu de gens devineront combien il a fallu être triste pour entreprendre de ressusciter Carthage! C'est là une Thébaïde où le dégoût de la vie moderne m'a poussé. » (Correspondance)

«Dans *Salammbô* toutes les tendances du déclin du roman historique apparaissent sous une forme concentrée : la monumentalisation décorative, la désanimation, la déshumanisation de l'histoire, en même temps sa limitation à la vie privée» (G. Lukacs, *Le Roman historique*)

Anthologie critique

Les contemporains

Baudelaire fit, dans la revue *L'Artiste* du 18 octobre 1857, un éloge enthousiaste de *Madame Bovary* :

« ... Madame Bovary se donne ; emportée par les sophismes de son imagination, elle se donne magnifiquement, généreusement, d'une manière toute masculine, à des drôles qui ne sont pas ses égaux, exactement comme les poètes se livrent à des drôlesses. [...] Cette femme, en réalité, est très sublime dans son espèce, dans son petit milieu et en face de son petit horizon. [...] En somme, cette femme est vraiment grande, elle est surtout pitoyable, et malgré la dureté systématique de l'auteur, qui a fait tous ses efforts pour être absent de son œuvre et pour jouer la fonction d'un montreur de marionnettes, toutes les femmes *intellectuelles* lui sauront gré d'avoir élevé la femelle à une si haute puissance, si loin de l'animal pur et si près de l'homme idéal, et de l'avoir fait participer à ce double caractère de calcul et de rêverie qui constitue l'être parfait. »

Des fragments publiés de *La Tentation de saint Antoine*, il écrit :

« Je voudrais attirer l'attention du lecteur sur cette faculté souffrante, souterraine et révoltée, qui traverse toute l'œuvre, ce filon ténébreux qui illumine [...] et qui sert de guide à travers ce capharnaüm pandémoniaque de la solitude. [...] Cette dernière œuvre, chambre secrète de son esprit, reste évidemment la plus intéressante pour les poètes et les philosophes. »

Sainte-Beuve, le plus important critique littéraire de l'époque, se montra plus nuancé : « une qualité précieuse distingue M. G. Flaubert des autres observateurs plus ou moins exacts qui, de nos jours, se piquent de rendre en conscience la seule réalité, et qui parfois y réussissent ; il a le *style*. Il en a même un peu trop, et sa plume se complaît à de minutieuses descriptions qui nuisent parfois à l'effet total. » (*Le Moniteur universel*, 4 mai 1857)

Admirateur pourtant de Flaubert, il se fit plus sévère pour *Salammbô*, dans ses trois longs articles des 8, 15 et 22 décembre 1862 :

« *Ivanhoé* est le roman historique confinant à l'épopée, et un roman qui est presque de plain-pied avec nous encore. L'Antiquité, au contraire, ne comporte pas le roman historique proprement dit, qui suppose l'entière familiarité et l'affinité avec le sujet [...] On la restitue, l'Antiquité, on ne la res-suscite pas [...] Ici, dans le sujet choisi par M. Flaubert, les monuments, non plus que les livres ne fournissaient presque rien. C'est donc un tour de force complet qu'il a prétendu faire, et il n'y a rien d'étonnant qu'il y ait, selon moi, échoué. [...] Il n'a pu communiquer à son œuvre l'intérêt réel et la vie.»

Zola, dans *Les Romanciers naturalistes*, salua la modernité de l'auteur de *L'Éducation sentimentale* :

«C'est dans *L'Éducation sentimentale* que G. Flaubert, jusqu'à pré-sent, a affirmé avec le plus de parti pris la formule littéraire qu'il apporte. La négation du romanesque dans l'intrigue, le rapetissement des héros à la taille humaine [...] Je suis certain que cette œuvre est celle qui lui a coûté le plus grand effort, car jamais il ne s'est enfoncé plus avant dans l'étude de la laide humanité, et jamais le lyrique qui est en lui n'a dû se lamenter et pleurer plus amèrement.»

Barbey d'Aurevilly en revanche se distingua par la virulence de ses réquisitoires :

«M. Flaubert est un moraliste, sans doute, mais il n'a point d'émotion, il n'a point de jugement, du moins appréciable. C'est un narrateur inces-sant et infatigable, c'est un *descripteur* jusqu'à la plus minutieuse subtilité, mais il est sourd-muet d'impression à tout ce qu'il raconte. Il est indifférent à ce qu'il décrit avec le scrupule de l'amour. Si l'on forgeait à Birmingham ou à Manchester des machines à raconter ou à analyser, en bon acier anglais, qui fonctionneraient toutes seules par des procédés inconnus de dynamique, elles fonctionneraient absolument comme M. Flaubert.» (*Le Pays* du 6 octobre 1857)

Les écrivains postérieurs à Flaubert

Ils furent nombreux à exprimer leur admiration pour l'auteur de *Madame Bovary* et leur dette envers l'œuvre. Et d'abord **Marcel Proust**, dans un article remarquable de janvier 1920, publié dans la N.R.F. :

«Ce qui jusqu'à Flaubert était action devient impression. Les choses ont autant de vie que les hommes, car c'est le raisonnement qui après coup assigne à tout phénomène visuel des causes extérieures, mais dans l'impression première que nous recevons cette cause n'est pas impliquée. Je reprends la deuxième page de *L'Éducation sentimentale* [...] : "la colline qui suivait à droite le cours de la Seine s'abaissa, et il en surgit une autre, plus proche, sur la rive opposée [...]. " Le subjectivisme de Flaubert s'exprime par un emploi nouveau des temps des verbes, des prépositions, des adverbes, les deux derniers n'ayant presque jamais dans sa phrase qu'une valeur rythmique. »

Paul Valéry rédigea, pour une édition de *La Tentation de saint Antoine* de 1942, une introduction pleine de sagacité :

«Cette tentation – tentation de toute sa vie – lui était comme un antidote intime opposé à l'ennui (qu'il confesse) d'écrire ses romans de mœurs modernes et d'élever des monuments stylistiques à la platitude provinciale et bourgeoise. [...] L'impulsion même qui lui fit concevoir et aborder l'ouvrage me paraît plutôt avoir été excitée par la lecture du *Faust* de Gœthe. [...] Flaubert fut toujours hanté par le Démon de la connaissance encyclopédique, dont il a essayé de s'exorciser en écrivant *Bouvard et Pécuchet*. [...] Il a manqué l'un des plus beaux drames possibles [...] De quoi s'agissait-il ? De rien de moins que de figurer ce que l'on pourrait nommer la physiologie de la tentation [...] Ce mécanisme est celui de toute la nature vive ; le diable hélas est la nature même, et la tentation est la condition la plus évidente, la plus constante, la plus inéluctable de toute vie. Vivre est à chaque instant manquer de quelque chose – se modifier pour l'atteindre. [...] Il s'est donc égaré dans trop de livres et de mythes [...] son ouvrage demeure une diversité de moments et de morceaux ; mais [...] tel qu'il est, je le regarde avec révérence, et je ne l'ouvre jamais que je n'y trouve des raisons d'admirer son auteur plus que lui. »

Michel Tournier, dans *Le Vol du vampire* (Éd. Mercure de France), publié en 1981, écrit à propos de *Trois Contes* :

«C'est par cette notion de destin que les trois personnages centraux des *Contes* se distinguent des autres héros de la comédie flaubertienne. Félicité prend sur elle de métamorphoser Loulou en Saint-Esprit, saint Julien tue son père et sa mère pour forcer l'entrée d'une destinée qui s'achèvera dans les bras du Christ, Hérodias en faisant mourir Iaokanann précipite l'avènement du Messie. En comparaison Mme Bovary, saint Antoine et Salammbô sont des âmes perdues qui flottent le temps d'une vie sur un marécage d'absurdités avant de s'y engloutir. Point de sens ni d'accomplissement dans leur pitoyable histoire. S'ils disparaissent sans comprendre, ce n'est pas faute d'intelligence, c'est qu'il n'y avait rien à comprendre. On a donc raison d'écrire que dans *Trois Contes*, Flaubert avait surmonté le pessimisme de ses œuvres antérieures. »

La critique contemporaine et Flaubert

G. Poulet : «Le point de départ chez Flaubert, ce n'est pas Flaubert lui-même, c'est le rapport du moi percevant à l'objet perçu. [...] Celui-ci n'éprouve, dans sa plénitude, conscience de lui-même que dans le moment où il sort de lui-même pour s'identifier, par le plus simple mais le plus intense des actes de la vie mentale, la perception, avec l'objet, quel qu'il soit, de cette perception. Ainsi l'objectivité, loin d'être une discipline acquise chez Flaubert, est un état naturel de sa pensée. [...] La vie existe, mais là où il y a couleurs et sons, au dehors, au soleil. Il faut se porter vers elle, y pénétrer ou s'en pénétrer, devenir ce que l'on sent par l'acte de sentir.» (*Études sur le temps humain*, Plon, 1952)

R. Barthes : «Vers 1850, il commence à se poser à la littérature un problème de justification : l'écriture va se chercher des alibis [...]. L'écriture sera sauvée non pas en vertu de sa destination, mais grâce au travail qu'elle aura coûté. [...] Flaubert avec le plus d'ordre a fondé cette écriture artisanale. Avant lui, le fait bourgeois était de l'ordre du pittoresque ou de l'exotique [...]. Pour Flaubert, l'état bourgeois est un mal incurable qui poisse l'écrivain, et qu'il ne peut traiter qu'en l'assumant dans la lucidité – ce qui est le propre d'un sentiment tragique. » (*Le Degré zéro de l'écriture*, Le Seuil, 1953)

J.-P. Richard : «*L'Éducation sentimentale* est [...] d'abord le roman de l'absence, d'une réalité qui se dérobe et dont le héros finit par accepter qu'elle doive toujours lui échapper. Autant Emma Bovary était là, autant Marie Arnoux reste lointaine. Frédéric passe sa vie à l'espérer et à l'attendre, à la chercher, à essayer de la rejoindre à travers des objets ou des personnages qui jouent pour lui le rôle d'intermédiaires, d'intercesseurs. » (*Littérature et sensation*, Le Seuil, 1954)

G. Bollème : «L'histoire que Flaubert nous raconte est celle de la médiocrité ; et cette déception que nous éprouvons, c'est le moment où nous découvrons que le réel est aussi le médiocre, l'ennui. Mais c'est aussi ce que nous rêvons d'abord. Et le romanesque réside en ce mouvement qui va du rêve au réel de la rencontre, à l'échec, de ce que pourrait être notre vie à ce qu'elle est. Le roman de Bovary n'est-il pas en fin de compte l'histoire du réel, c'est-à-dire le surgissement d'un éternel ennui ?» (*La Leçon de Flaubert*, Julliard, 1964)

G. Genette : «Cette évasion du sens dans le tremblement indéfini des choses, c'est l'écriture de Flaubert dans ce qu'elle a de plus spécifique [...] Il a formé un jour, comme par surcroît, ce projet de «ne rien dire», ce refus de l'expression qui inaugure l'expérience littéraire moderne [...] Le «livre sur rien», le «livre sans sujet», il ne l'a pas écrit (et personne ne l'écrira), mais il a jeté sur tous les sujets dont foisonnait son génie cette lourde épaisseur de langage pétrifié, ce «trottoir roulant», comme dit Proust, d'imparfaits et d'adverbes qui pouvait seul les «réduire au silence». » (*Figures 1*, Le Seuil, 1966)

M. Foucault : «On lit volontiers *La Tentation* comme le protocole d'une rêverie libérée. [...] Or, en fait de rêves et de délires, on sait maintenant que *La Tentation* est un monument de savoir méticuleux. [...] Les dieux, Flaubert est allé les chercher chez Burnouf, Anquetil-Duperron... et surtout dans la traduction de Creutzer, *Les Religions de l'Antiquité* [...]. On peut s'étonner que tant de méticulosité érudite laisse une telle impression de fantasmagorie [...]. À moins que Flaubert n'ait fait là l'expérience d'un fantastique singulièrement moderne [...]. L'imaginaire se loge entre le livre et la lampe. On ne porte plus le fantastique dans son cœur... On le puise à l'exactitude du savoir... Pour rêver, il ne faut pas fermer les yeux, il faut lire. » (« La Bibliothèque fantastique », 1967)

J.-P. Sartre analyse, dans *L'Idiot de la famille* (Gallimard, 1971), la crise de Pont-Lévêque, au cours de laquelle se noue la vocation littéraire de Flaubert : «quand Flaubert part pour Rouen, il est bloqué, éperdu ; c'est un homme-problème qui, par sa fuite (de Paris), intériorise une urgence, c'est-à-dire une contradiction indépassable et qu'il est, du fait même qu'il ek-siste, contraint de dépasser [...] Son obéissance passive lui ôte toute possibilité de refuser l'activité que son père lui impose mais cette passivité est de plus en plus difficile et son dégoût fondamental pour l'avenir qu'on lui prépare achève de la rendre impossible. Impossible d'obéir, impossible de refuser l'obéissance. Il n'y a pas de solution, il le sait, mais il sait aussi qu'' " il y en aura une "»... Une chute s'esquisse à l'horizon. »

Recherches et exercices

SUJETS D'EXPOSÉS

– Villes réelles et villes rêvées dans le roman flaubertien
– La vie provinciale dans les récits de Flaubert
– Présence et signification de l'animal à travers l'œuvre
– Les objets chez Flaubert
– Le rôle de l'argent dans *Madame Bovary* et *L'Éducation sentimentale*
– Les femmes chez Flaubert
– La représentation de l'Orient dans l'œuvre
– Les repas
– Le grotesque
– L'amitié dans les romans de Flaubert
– La forme du conte dans *Trois contes*
– Le dialogue, forme et significations chez Flaubert
– Le rôle de la description dans la narration flaubertienne
– La nature dans les romans de Flaubert
– Le style indirect libre dans le récit
– Le temps et sa représentation dans la narration flaubertienne

SUJETS DE COMPOSITION FRANÇAISE

• «Je me suis toujours efforcé d'aller dans l'âme des choses et de m'arrêter aux généralités les plus grandes et je me suis détourné exprès de l'accidentel et du dramatique. Pas de monstres et pas de héros!» L'œuvre de Flaubert vous paraît-elle correspondre à cette affirmation de l'écrivain?

• «L'écrivain ne doit laisser de lui que ses œuvres. Sa vie importe peu. Arrière la guenille!» Partagez-vous cette opinion?

• «L'artiste doit être dans son œuvre comme Dieu dans la création, invisible et tout-puissant, qu'on le sente partout mais qu'on ne le voie pas.» Dans quelle mesure les romans de Flaubert vérifient-ils une telle affirmation?

• «La réalité selon moi ne doit être qu'un tremplin.» Quels passages de l'œuvre de Flaubert vous semblent confirmer ou infirmer cette affirmation?

• «L'ironie n'enlève rien au pathétique, elle l'outre au contraire», écrivait Flaubert dans l'une de ses lettres. Vous vérifierez la justesse de cet avis à la lumière des œuvres de l'écrivain.

• «Jamais, moi vivant, on ne m'illustrera, parce que la plus belle description littéraire est dévorée par le plus piètre dessin. [...] Donc, ceci étant une question d'esthétique, je refuse formellement toute espèce d'illustration», déclarait Flaubert. En vous appuyant sur les films qui ont adapté son œuvre, vous commenterez et discuterez ce jugement.

• À propos de *L'Éducation sentimentale,* G. Lukacs écrit: «c'est à l'absence totale de toute réalisation d'un sens que Flaubert réussit à donner forme.» Êtes-vous d'accord avec cette affirmation?

• «Alors que jusqu'à Flaubert la description n'entrait dans le récit que pour le soutenir, le rendre plus véridique, alors que son rôle était seulement épisodique, elle devient pour lui l'expérience unique par laquelle il semble possible d'exprimer les mouvements de la vie. C'est la description qui devient le récit.» Commentez ce jugement d'un critique moderne.

• «Nous avons affaire à un texte où la réalité n'existe que dans la conscience des personnages. Dans ce roman, le document historique, social, technique s'efface devant la subjectivité.» Que pensez-vous de ce jugement d'un critique moderne à propos de *L'Éducation sentimentale*?

• À propos de Flaubert, un critique contemporain écrit: «nul écrivain n'a été davantage prisonnier de lui-même. Flaubert a beau se vouloir olympien, détaché, impassible, tous ses romans trahissent ses rêves intimes et ses obsessions.» À la lumière de la vie et de l'œuvre de l'écrivain, commentez cette affirmation.

• «Il n'existe pas un Flaubert, pas plus qu'il n'existe un Balzac ou un Stendhal. Il y a des Flaubert qui émergent de lectures diverses», écrit un critique contemporain. Quels sont les différents Flaubert qui «émergent» de votre lecture de l'œuvre?

COMMENTAIRE COMPOSÉ

L'Éducation sentimentale (Troisième partie, chap. 1, de «la diversité des arbres faisait un spectacle changeant...» à «...fuyant le vertige, presque effrayés.»)

Introduction

Fuyant Paris où se déroulent les journées de juin 1848, Frédéric et Rosanette sont venus se réfugier à Fontainebleau. En calèche, ils parcourent la forêt. Ce passage décrit leurs errances au sein d'un paysage fantastique aux significations ambivalentes.

Le récit d'une errance

Les deux personnages évoluent dans un espace et un temps indéterminés. Flaubert a supprimé toute localisation précise : les promeneurs sont «debout... sur quelqu'éminence de terrain» au début du texte, ils «arrivent à mi-hauteur d'une colline» à la fin. La multiplication des pluriels («des mares», «des clairières»), le flou des adverbes («çà et là», repris deux fois) installent un espace moins réel que rêvé. Impression accentuée par le vide du paysage : les roches évoquent des «ruines méconnaissables et monstrueuses» d'où l'homme est absent : «personne. Aucun bruit». De même le temps est volontairement imprécis : «ensuite», «un jour». Le passage est fait d'une succession d'arrêts et de mouvements. «Debout, l'un près de l'autre» au début, les deux personnages contemplent la forêt ; puis, sans transition, introduit par un adverbe vague («ensuite»), le périple reprend («ils traversaient des clairières»), s'interrompant à nouveau : «Rosanette s'en allait cueillir des bruyères». Ces ellipses temporelles, comme dans le dernier paragraphe qui passe d'une promenade à une autre, distendent la durée, installent Frédéric et Rosanette dans une intemporalité qui contraste avec l'histoire qu'ils fuient.

Tout au long du texte, ceux-ci sont passifs, absorbés dans la contemplation du paysage. Leurs réactions ne nous sont pas livrées directement, mais à travers la description du monde qui les entoure. Du même coup, celui-ci est rapporté au lecteur déformé, filtré par les émotions diverses qu'il suscite ; paysage moins réel que rêvé : «la diversité des arbres faisait un spectacle changeant», «la furie même de leur chaos fait plutôt rêver à des volcans...», «Frédéric disait qu'ils étaient là depuis le commencement du monde...» De là le recours à la focalisation interne qui nous fait découvrir le décor en même temps que les personnages : «des coups drus et nombreux sonnaient : c'était, au flanc d'une colline...», «tout à coup, dans cette vibration de la lumière, les bêtes parurent remuer.» Le paysage est ainsi restitué à travers l'intensité des sensations auditives et visuelles qui jalonnent le passage. Il s'agit moins chez Flaubert de décrire un paysage que les impressions qu'il provoque.

Aussi la description est-elle ici moins celle d'un paysage réel que d'une rêverie qui se fait au fil du texte plus précise et plus intense. Préparée par «la langueur fiévreuse» qui se substitue au sentiment vague d'«une joie sans cause» du début. Ouvertement le mot «rêver» fait son apparition, utilisé de plus au présent : «la furie même de leur chaos fait plutôt rêver à des volcans...» Enfin, dans le dernier paragraphe, la rêverie se fait hallucination provoquée par la lumière et le monde minéral semble s'animer : «les bêtes parurent remuer.» Le rêve cédant la place au «vertige».

Un paysage fantastique

Le paysage est ainsi constamment déréalisé par les personnages. Sous leurs regards, la nature se métamorphose en théâtre : «la diversité des arbres faisait un spectacle changeant». La rêverie se modifiant au gré des déplacements des personnages et des changements du paysage. Dès le début le lecteur entre dans un univers fantastique. Progressivement les arbres s'animent : «des frênes courbaient mollement leur glauque ramure», les bouleaux prennent des «attitudes élégiaques». La forêt devient humaine, pathétique. Au terme d'une succession de verbes de mouvement («se convulsaient, s'étiraient, s'étreignaient, se lançaient) les chênes se voient comparés à des Titans. Le temps se creuse et les personnages se projettent dans un passé mythique, fait de violence et de menace. Violence soulignée par la répétition des dentales «d» et «t». Référence mythologique qui se prolonge avec l'évocation des «carriers battant les roches» et qui rappellent les forges d'Héphaïstos sous l'Etna. Le décor lui-même, avec ses empilements de roches, amplifié par les hyperboles, suggère une civilisation archaïque et cyclopéenne empruntée à l'épopée : «ruines méconnaissables et monstrueuses de quelque cité disparue.»

Le fantastique mythologique est aussitôt relayé par la référence au merveilleux du conte. La forêt nourrit la rêverie et fait surgir l'image des loups ; le lichen «couleur de soufre» évoque un univers satanique, renforcé par «le pas des sorcières» et les oiseaux qui s'y rattachent («grenouilles», «corneilles»).

Enfin, ultime étape de cette métamorphose du paysage, le dernier paragraphe, qui fait pénétrer les promeneurs au cœur mystérieux de la forêt, dans un espace-temps géologique qui les confronte aux origines de la terre. La «colline tout en sable» devient «le lit desséché d'un océan» et les roches, subitement agrandies deviennent des «promontoires» et leurs formes étranges s'animent, pour laisser la place à un bestiaire fabuleux : «tortues avançant la tête, phoques qui rampent, hippopotames et ours». Le minéral s'animalise sous l'effet d'une hallucination visuelle et la vision s'achève dans un cauchemar.

Un paysage aux significations ambivalentes

Un tel passage ne se comprend que par contraste avec les événements historiques que Frédéric et Rosanette cherchent à fuir. Les promenades dans Fontainebleau sont moins une errance dans l'espace qu'une errance dans le temps. Elles effectuent une véritable régression dans le passé le plus lointain. D'abord celui, mythique, des titans, ensuite celui, plus ancien et quasi biblique, d'après le déluge («mais la furie même de leur chaos faisait rêver à ... des déluges»), enfin celui des origines de la terre. Promenades mi-réelles mi-rêvées, qui s'accomplissent dans une atmosphère et un décor oniriques et qui illustrent la conduite de fuite des personnages, qui tentent d'échapper à l'histoire toute proche. Rêverie presque enfantine d'un retour aux origines, dans une nature protectrice et maternelle, qu'exprime Frédéric lorsqu'il dit «qu'ils étaient là depuis les commencements du monde et qu'ils resteraient ainsi jusqu'à la fin».

Projection des états d'âme des deux personnages, ce paysage se révèle ambigu. D'une part baigné d'un climat sensuel et érotique : ce sont «les frênes courbant mollement leurs ramures», «les attitudes élégiaques» des bouleaux, l'étreinte convulsive des chênes. «La langueur fiévreuse» planant au-dessus des mares. D'autre part, il y a la violence pathétique des arbres comparés à des Titans qui fait brutalement ressurgir le spectre d'une histoire elle-même violente et que tous deux cherchent à conjurer. Avec leurs «appels de désespoir», «leurs menaces furibondes», «leur colère», ils semblent s'adresser aux deux promeneurs. Derrière ce paysage rêvé se profile la mauvaise conscience de Frédéric. Le désordre des roches lui-même semble l'inscription géologique des événements parisiens.

Enfin, on retrouve ici la fascination flaubertienne pour la nature, mystérieuse, intemporelle et démesurée. Au fur et à mesure qu'ils s'enfoncent

dans la forêt, ils s'avancent dans un monde informe : d'abord la végéta-
tion (les arbres puis les lichens, enfin les rares «baliveaux»), puis les
roches, enfin le sable. En même temps ils découvrent l'universel néant :
la nature porte les traces «des cataclysmes ignorés», suggérant la pré-
carité des affaires humaines («telles que les ruines ... de quelque cité disparue.»), et la colline où ils parviennent est «vierge» de toute trace
humaine. Du même coup le paysage renvoie le lecteur au caractère dérisoire de l'histoire humaine.

Conclusion

Une échappée belle dans une nature constamment transfigurée par la
rêverie de Frédéric et Rosanette, mais qui ne débouche à aucun moment
sur une sorte de panthéisme à la manière romantique. Derrière laquelle,
plutôt, se laisse percevoir le pessimisme du romancier.

COMPOSITION FRANÇAISE

Sujet : «Ce qui me semble beau, ce que je voudrais faire, c'est un livre
sur rien, un livre sans attache extérieure, qui se tiendrait de lui-même par
la force interne de son style», écrivait Flaubert à Louise Colet le 16 janvier 1852. Dans quelle mesure l'œuvre flaubertienne répond-elle à ce
projet ?

Introduction

Cet aveu de Flaubert apparaît comme un défi et une gageure. En effet,
l'œuvre vérifie-t-elle ce projet ? Le souci maniaque de l'exactitude documentaire dont elle témoigne ne dément-elle pas cette affirmation paradoxale ? Pourtant le primat du style ne voue-t-il pas le roman à la frivolité,
en faisant de lui un pur exercice formel ?

Développement

I - Ce qui frappe dans l'œuvre flaubertienne, c'est la minceur et la
banalité des sujets dont elle s'inspire. *Madame Bovary* est empruntée au
fait divers le plus fade : une histoire d'adultère qui tourne mal. *Un cœur
simple* raconte la vie monotone d'une humble servante en Normandie.
Le cas limite est obtenu avec *Salammbô*, dont le thème est retenu par

l'écrivain en raison du peu de témoignages qui nous restent de la civilisation carthaginoise. «Il est allé choisir... une nation éteinte dont le langage lui-même est aboli, et dans les fastes de cette nation un événement qui ne réveille aucun souvenir illustre, et qui fait partie de la plus ingrate histoire», écrivait Sainte-Beuve. Tout se passe comme si, par défi, Flaubert choisissait les sujets les plus creux, les plus ennuyeux. «Ma Bovary m'assomme!», «quelle sacré maudite idée j'ai eu de prendre un sujet pareil!» confesse-t-il.

Aussi le récit flaubertien est-il un récit sans véritable intrigue. Juxtaposant des événements qui ne modifient pas le destin des personnages, comme dans *L'Éducation sentimentale*, il condamne ceux-ci à l'attente, aux rêves, à la répétition. Ce sont les allers et retours incessants de Frédéric entre Paris et Nogent, les visites vaines chez les Arnoux, les rendez-vous ratés avec le destin. De même Bouvard et Pécuchet sautent d'un savoir à un autre sans jamais progresser dans leur quête de la connaissance. Flaubert rompt ainsi avec le récit balzacien construit à la façon d'un drame longuement préparé et qui se noue autour d'une crise. C'est ce refus de toute intrigue, souvent reproché à l'écrivain, que saluait Zola dans *Les Romanciers naturalistes* : «c'est dans *L'Éducation sentimentale* que G. Flaubert, jusqu'à présent, a affirmé avec le plus de parti pris la formule littéraire qu'il apporte. La négation du romanesque dans l'intrigue. » «Le roman flaubertien est un roman où il ne se passe rien».

Et qui ne débouche sur rien. Les personnages échouent dans leur quête, comme Bouvard et son compère; dans leur passion, comme Mâtho, le héros de *Salammbô*. Marie Arnoux reste inaccessible et lointaine, Frédéric perd sa vie à l'attendre, à la poursuivre et, quand elle s'offre à lui, il est trop tard. Il ne lui reste plus qu'à se remémorer le passé, l'épisode de la Turque, qui était déjà un échec. Au fond, rien n'a eu lieu et rien n'a été obtenu.

II - Pourtant, ce qui surprend dans cette volonté d'«écrire un livre sans attache extérieure», c'est le soin documentaire que le romancier accorde à la préparation de ses œuvres. Accumulant les lectures, pas moins de 1500 ouvrages consultés pour *Bouvard et Pécuchet*! se rendant à Fontainebleau pour préparer le 1er chapitre de la 3e partie de *L'Éducation sentimentale*, passant «une semaine entière à se trimballer à l'hôpital Sainte-Eugénie, pour étudier des moutards atteints de croup.» Avec les écrivains réalistes réunis autour de Duranty, il partage le souci de faire vrai. S'appuyant toujours sur la réalité des époques et des lieux.

Il retourne d'ailleurs en Tunisie pour vérifier sur place le site de Carthage. C'est dire que les arrière-plans du récit, qui serviront de matière première à la description comptent tout autant que l'histoire racontée.

En outre, cette œuvre qui se voulait une œuvre «sur rien» s'est faite le miroir d'une époque. *Madame Bovary* est une véritable chronique de la vie de province au XIXe siècle, à la fois étude de mœurs et portrait, à travers son héroïne, de la condition féminine, ses frustrations et de son aliénation. De même, *L'Éducation sentimentale* est, aux dires de son auteur, «l'histoire morale des hommes de (sa) génération» et un témoignage historique de première main sur trente années de la société française. Les intérieurs, Paris, les objets, les vêtements y sont reconstitués avec une précision d'historien. En ce sens le roman est un roman historique.

Plus profondément encore, *L'Éducation sentimentale* a recréé une époque de l'intérieur, saisissant non le pittoresque des modes ou des décors mais la réalité historique vécue et ressentie par ses acteurs. À travers Sénécal, Flaubert peint les engagements politiques de son temps, le Club de l'intelligence nous livre l'actualité des débats idéologiques. Avec Frédéric, il dévoile l'imaginaire pétri de romantisme de la jeunesse bourgeoise. Pareillement, *Bouvard et Pécuchet* est une traversée des savoirs d'une époque, une encyclopédie du siècle, couvrant tous les domaines de la connaissance.

III - Pourtant, paradoxalement, la description qui envahit le récit flaubertien n'est pas au service d'un projet réaliste de reproduction du réel. Loin de le mimer, elle le mine. Dénonçant sa laideur, son inconsistance à travers l'accumulation des notations, le grossissement du détail ou le caractère hétéroclite de la réalité décrite : c'est l'invraisemblable casquette de C. Bovary ou le jardin délirant de *Bouvard et Pécuchet*, avec sa cabane incendiée, son pont vénitien, son tombeau étrusque. Incompatibles entre eux, les éléments se détruisent.

C'est pourquoi la description ne contredit pas la volonté de Flaubert d'«écrire un livre sur rien». Elle ne fait qu'exhiber le néant qui creuse le réel. Les personnages, les êtres et les choses sont travaillés par l'usure, le vieillissement et la mort. «Chacun de nous porte en soi la nécropole» écrit le romancier à G. Sand. Son univers romanesque est hanté par le pourrissement. Les passions s'effritent et l'histoire elle-même échoue à donner un sens à la réalité. C'est ce pessimisme devant l'insignifiance de la vie qui condamne l'écrivain à décrire ce rien.

D'où l'importance du style pour Flaubert, qui seul permet de surmonter cette absence de sens. De là cette lenteur à écrire, ce souci du mot, de la phrase justes, cette attention aux rythmes et aux sonorités. « De la musique ! De la musique plutôt ! Tournons au rythme, balançons-nous dans les périodes. » Écrire ne consiste pas à recenser ou photographier, mais à rendre compte d'une émotion. En elle-même, la réalité est dépourvue de sens et de cohérence, elle n'existe qu'au travers des impressions qu'elle suscite. Le réalisme de Flaubert est un réalisme subjectif. Or, abandonnée à elle-même, simplement vécue, la vie est vouée à l'oubli et condamne la conscience à la dispersion dans le temps. Seul le style, par son pouvoir d'émotion, peut, au terme d'un travail acharné sur les mots, la recréer et la préserver. C'est pourquoi le sujet importe peu (« les œuvres les plus belles sont celles où il y a le moins de matière »). Et la laideur elle-même est source de beauté. « Nous tirons des putréfactions de l'humanité des délectations pour elle-même », écrit Flaubert. Le travail sur l'écriture n'a donc pas une finalité formelle, il vise à approfondir la sensation, à l'éclaircir et par là-même à mieux saisir la réalité dont elle est indissociable. Aussi le style revêt-il une portée véritablement métaphysique, devenant « à lui seul une manière absolue de voir les choses ».

Conclusion

Parce qu'« il n'y a pas de vérité (mais seulement) des manières de voir », le roman ne peut s'assigner comme but la reproduction exacte du réel. En revanche, parce que le style est cet effort pour nous faire voir et éprouver le monde, il constitue le seul réalisme authentique.

Lexique

Archétypal : qui renvoie aux structures les plus profondes de l'inconscient de l'écrivain.

Bergson : philosophe français (1859-1941) dont les travaux sont, entre autres, centrés sur un retour au vécu immédiat de la conscience.

Catharsis : étymologiquement, purgation. Opération par laquelle des désirs inconscients sont libérés et liquidés.

Contrapuntique : par référence au contrepoint en musique. Superposition de deux lignes mélodiques.

Didactisme : volonté un peu lourde d'enseigner ou d'instruire.

Didascalie : indication scénique dans un texte de théâtre.

Focalisation interne : procédé qui consiste à faire voir les êtres et les choses à travers le regard, la conscience d'un personnage.

Narration : par opposition à fiction (qui désigne l'ensemble des événements racontés), désigne l'agencement de ces mêmes événements.

Obermann : héros de Senancour qui donne son nom au titre d'un célèbre roman précurseur du romantisme (1804).

Positivisme : doctrine d'A. Comte qui ne reconnaît que les faits et la méthode expérimentale. Elle domine la seconde moitié du XIXe siècle.

Sandaraque : résine extraite d'une espèce de thuya. On en frottait le papier qu'on avait gratté pour l'empêcher de boire.

Scientisme : doctrine pour laquelle tous les problèmes posés par l'existence humaine et la nature peuvent être résolus par la science. Se développe dans le courant du XIXe siècle.

Werther : héros de Goethe, véritable symbole du héros romantique (*Les Souffrances du jeune Werther*, 1774).

Bibliographie

Sur Flaubert

R. Dumesnil : *G. Flaubert, l'homme et l'œuvre*, Desclée de Brouwer, 1947.

A. Thibaudet : *Gustave Flaubert*, Gallimard, 1935.

M. Nadeau : *G. Flaubert écrivain*, Les lettres nouvelles, 1969.

J.-P. Sartre : *L'Idiot de la famille*, Gallimard, 1971.

Sur l'œuvre

J.-P. Richard : *Littérature et sensation*, Seuil, 1954.

G. Poulet : *Études sur le temps humain*, 1950, Plon, Rééd. 10/18.

G. Bollème : *La Leçon de Flaubert*, Juillard, 1964, rééd. 10/18.

G. Genette : *Silences de Flaubert*, in *Figures 1*, Seuil, 1966.

V. Brombert : *Flaubert par lui-même*, Seuil, 1971.

R. Debray-Genette : *Métamorphoses du récit*, Seuil, 1988.

Sur *Madame Bovary*

R. Dumesnil : *Madame Bovary*, Mellotée, 1958.

J. Rousset : « *Madame Bovary* ou le livre sur rien », in *Forme et signification*, Corti, 1962.

C. Gothot Mersch : *La Genèse de Madame Bovary*, Corti, 1966.

Vargas Llosa : *Madame Bovary ou l'orgie littéraire*, Le Seuil.

Sur *Salammbô*

J. Rousset : « Positions, distances, perspectives », in *Poétique*, avril 1971.

J. Neefs : « Le Parcours du Zaïmph », in *La Production du sens*, 10/18, 1974.

Sur *L'Éducation sentimentale*

J. Bruneau : « *L'Éducation sentimentale*, roman autobiographique », in *Essais sur Flaubert*, Nizet, 1979.

J. Proust : « Structure et sens de *L'Éducation sentimentale* », in *Revue des sciences humaines*, janvier/mars 1967.

Europe : numéro consacré à *L'Éducation sentimentale*, septembre/novembre 1969.

B. Slama : «Une lecture de *L'Éducation sentimentale* », in *Poétique*, mai 1971.

Sur *La Tentation de saint Antoine*

M. Foucault : « La Bibliothèque fantastique », in *Cahiers Renaud/Barrault* n° 59.

J. Neefs : « L'Exposition littéraire des religions », in *Revue d'histoire littéraire de la France*, juillet/octobre 1981.

Sur les *Trois Contes*

R. Debray-Genette : «Représentation d'Hérodias», in *La Production du sens*, 1974.

R. Debray-Genette : «Du mode narratif dans *Trois contes* », in *Littérature*, mai 1971.

Sur *Bouvard et Pécuchet*

R. Descharmes : *Autour de Bouvard et Pécuchet*, Librairie de France, 1921.

Le deuxième volume de *Bouvard et Pécuchet*, texte établi et présenté par G. Bollème, Denoël, 1966.

C. Mouchard : « La consistance des savoirs dans *Bouvard et Pécuchet* », in *Revue d'histoire littéraire de la France*, juillet/octobre 1981.

R. Kempf : *Bouvard, Flaubert et Pécuchet*, Grasset, 1990.

TABLE DES MATIÈRES

Dans la même collection, série "Les œuvres"

Crédits photographiques

Jean Collas : 101 / Nathan : 2, 102 / Roger Viollet : 14.

Aubin Imprimeur

LIGUGÉ, POITIERS

IMPRESSION - FINITION

Achevé d'imprimer en décembre 1993
N° d'édition 10019410-III-7 (OSB-80)
N° d'impression L 44150
Dépôt légal décembre 1993 / Imprimé en France